HSK

听力惯用语

王小宁
侯子玮 编著

新 世 界 出 版 社

图书在版编目(CIP)数据

HSK听力惯用语/王小宁,侯子玮编著.—北京:新世界出版社,2002.1
ISBN 7-80005-695-3

Ⅰ.H… Ⅱ.①王…②侯… Ⅲ.汉语-视听教学-水平考试-自学参考资料 Ⅳ.H195

中国版本图书馆CIP数据核字(2001)第096146号

HSK听力惯用语

编 著 者:王小宁 侯子玮
责任编辑:文 钊 孙海雯
装帧设计:徐栋栋
责任印制:黄厚清

出版发行:新世界出版社
社 址:北京市西城区百万庄路24号
(100037)
电 话:(010)68994118
传 真:(010)68995974
电子邮件:nwpcn@public.bta.net.cn
网 址:www.newworld-press.com
www.nwp.com.cn
邮箱地址:public@nwp.com.cn

印 刷:北京振华印刷厂
经 销:新华书店
开 本:889×1194 1/32
字 数:121千字
印 张:6.625
印 数:1-5000册
版 次:2002年1月第1版
2002年1月北京第1次印刷
书 号:ISBN 7-80005-695-3/G·306
定 价:24.00元

目　录
Contents

前言

本书是为 HSK 听力考试专门设计的，所收的 300 个惯用语均精选自 HSK 考试样题及最新出版的 HSK 题集。

惯用语是 HSK 听力考试的重点，同时也是考生复习的难点，例如："没门儿"、"开夜车"、"犯不上"、"半斤八两"等等。它们往往由多个字组成，具有特定的、超出字面意思之上的新的含义，考生常常因望文生义产生误解而丢分。但是，惯用语的考题也是有规律可循的，考生一旦掌握了这些规律，必能稳操胜券。

为了使考生能在最短的时间里理解、记忆、掌握这些惯用语，本书按照惯用语在 HSK 考试中使用的规律将其分为以下四类：

第一类：语气型惯用语，例如："想得美"表示不可能；"真是的"表示埋怨。在 HSK 听力考试中，语气题是最主要的几种题型之一，而表示特定语气的惯用语正是这类题目中各种语气的重要标志。考生若能熟练掌握这类惯用语，即使听力较差，也能在很短的时间里选出正确的答案。

第二类：词语型惯用语，包括名词、动词、形容词、副词等词性的惯用语，例如："两口子"、"打下手"、"有的是"、"压根儿"。这类惯用语在听力理解第一和第二部分出现的频率非常高，而且只要出现，多半是题目的考点。

第三类：比喻型惯用语，例如："碰钉子"、"开夜车"。这类惯用语中都有一个比喻词，像"钉子"、"夜车"。惯用语的意思跟每个字的意思有一定的联系，但需要发挥想像力来理解、记忆。比如"碰钉子"比喻遭到拒绝或受到斥责，事情行不通；"开夜车"比喻夜间工作或学习。

这种类型的惯用语字面义和比喻义的差距正是造成考生丢分的陷阱。

第四类：成语、俗语，例如："丢三落四"、"刀子嘴，豆腐心"。成语和俗语本来是不属于惯用语之列的，但是，它们在听力理解中也经常出现，只是为数不多，本书因此将它们作为第四类。理解这类惯用语，也需要发挥想像力。比如"丢三落四"形容做事不细心，一会儿丢了这个、一会儿丢了那个；"刀子嘴，豆腐心"比喻说话厉害，但心肠软。

本书有下面几个特点：

- 所选惯用语均来自于 HSK 考试样题及历届模拟题集，例句短小精悍、口语化，便于理解记忆。每个例句均附有汉语拼音以便学生正确朗读和背诵。
- 对所选惯用语做了最贴近 HSK 听力理解的注释，可以大大提高考生的应试能力。
- 按照语气和用法分类，有利于考生记忆和做题时对词义的理解。
- 突出了听力考试的听的特征，在每类惯用语之后设计了同步练习，题型全部模仿 HSK 考试的题型，使考生有一种亲临实战的体验。

能够帮助各位有志到中国工作、留学的朋友实现自己的理想，是作者编写本书的最大愿望。希望本书能在您的手中发挥最大的作用。

作者

2001 年 11 月

Preface

This book is specially designed for the HSK Listening Comprehension Test, and the three hundred phrases in this book are all selected from the HSK sample test papers and recently published simulation test papers.

The phrases are very important for the HSK Listening Comprehension. Meanwhile they are also the most difficult parts to prepare, such as "没门儿", "开夜车", "犯不上" and "半斤八两". Because the phrases consist of more than one Chinese character, and usually have certain meanings that are different from the literal interpretation, students easily misunderstand the phrases.

In order to help the students understand and master the phrases in the shortest time possible, we divided the phrases into four types, according to the rules of the HSK Listening Comprehension Test.

1. The phrases indicating mood. For example: "想的美" means "impossibility"; "真是的" indicates dissatisfaction and complaint. The modal pattern is one of the most important question patterns in the HSK Listening Comprehension, and the phrases indicating the certain mood are just the signs for the students to tell the different moods. Even though some students have poor listening ability, they will be able to choose the right answers once they know how to use phrases indicating mood.
2. The phrases considered as a part of speech contain noun, verb, adjective and adverbial phrases, such as "两口子", "打下手", "有的是", and "压根儿". These kind of phrases are used quite frequently in the first and second parts of the Listening Comprehension, and usually emphasized on the test.
3. The figurative phrases. For example: "碰钉子" and "开夜车". These kind of phrases consist of figurative words, such as "钉子" and "夜车". The true meanings of the phrases are

often related with the literal meanings, but you still need to use your imagination to understand and recite the phrases. For example: "碰钉子" implies "meet with rejection or rebuke; a "no-go" situation". "开夜车" implies "work late into the night; burn the midnight oil".

4. The idioms and colloquialisms. For example: "丢三落四" and "刀子嘴， 豆腐心". Generally, idioms and colloquialisms are not considered as phrases, but because there are only a small number of idioms and colloquialisms frequently used in the Listening Comprehension Test, this book listed them into the fourth section. For example: "丢三落四"implies doing things carelessly and sloppy; "刀子嘴， 豆腐心" describes a person who speaks severe and strong words, but has a kind and soft heart.

The features of this book are:

■ All the phrases in this book are chosen very carefully from the HSK sample test papers and all kinds of simulation test papers. The example sentences are colloquial and easy to remember. Each sentence has the pinyin to help the students to recite the correct pronunciations of these phrases.

■ To increase the students' scores and to save them precious time, we only explain the phrases according to their usage in the HSK test.

■ The phrases are classified according to the different mood and usage in the HSK Listening Comprehension.

■ To emphasize the importance of listening ability, we designed the drills after each sort of words. The question patterns in the drills completely imitate the HSK test so that students undertake the more practical exercises.

This book supplies the simple and effective way to improve your listening ability and will be an excellent investment in your future.

The writers

November 2001

前書き

本書はHSKのためにヒアリングテスト専門家が作ったもので、収められている３００個の慣用句は平均して HSK および最近出版された HSK 問題集から選り抜いたものである。

慣用句は HSK ヒアリングにおける重点であり、同時に難点でもある。例えば、“没门儿（コネが無い)”“开夜车（徹夜をする)”“犯不上（~するにはおよばない)”“半斤八两（似たり寄ったり)” などである。それらは複数の文字で成り立ち文字上の意味をこえて新しい意味をもち、受験者に文字をみただけの当て推量を引き起こし誤解させ、得点を奪うのだ。しかし、慣用句の問題は規律によって思考することができるので受験者は一度これらの規律を把握すれば必ずや安定して得点を取ることができる。

受験者に最も短時間のうちにこれらの慣用句を理解、暗記させるため、本書は HSK においての規律、以下の４つに照らし合わせている。

第一類：語気型慣用句。例えば “想的美（むりである)”“真是的（不満を表す)” である。HSK ヒアリングにおいて語気問題は最も主要なタイプの一つでありまた、特定語気の慣用句を表すのは、この種のテーマにおける各語気の重要な標識となる。受験者は把握したこの種の慣用句を、たとえヒアリング力が劣っていたとしても、短時間のうちに正確に答えを選び出すことができる。

第二類：語気型慣用句、名詞、動詞、形容詞、副詞性の慣用句を含んだもので、例えば、“两口子（夫婦)”“打下手（手伝いをする)”“有的是（たくさんある)”“压根儿（初めから)” などである。この種の慣用句はヒアリング理解の第一、第二部に出題する確率が極めて高く、その上出題されれば大半がテーマの鍵となる。

第三類：比喩型慣用句。例えば “碰钉子（肘鉄をくう)”“开夜车（徹夜する)” この種の慣用句中はすべて一つ比喩句があり、“钉子（くぎ)”“夜车（夜行列車)” のようなものである。慣用句の意味はそれぞれの字の意味と一定の関係があるが想像力による理解と暗記が必要である。例えば、“碰钉子（肘鉄を食う）”は拒絶、責められている、あるいは物事が通じないときに遭遇したときの比喩である。“开夜车（徹夜する）”は夜間中の仕事勉強する比喩である。この種類の慣用句は字面上の意義と比喩の意義の格差は受験者の得点を奪い取る落とし穴である。

第四類：成語、俗語。例えば“丢三落四（よく物忘れをする）”“刀子嘴,豆腐心（言葉が辛辣だが気立てがよい）”成語と俗語は本来慣用句の列に属していないが、それらはヒアリング理解によく出題される。ただ、数は多くないので本書はそれゆえ第四類とした。この類の慣用句を理解し、また想像力を発揮する必要があるのは“丢三落四”物事に注意を払わず、すぐにあれこれなくす。“刀子嘴,豆腐心”言葉は辛辣だが、本当は気立てがよい。という形容である。

本書は下記のいくつかの特徴がある。

- 慣用句は平均して HSK 試験及びこれまでの模擬問題集から例文は短いが精選した物を口語化し理解、暗記が便利な物を選び出した。各例文はすべて、学生が正確に朗読し暗誦しやすいようにピン韻をふってある。
- 選び出した慣用句は最近の HSK ヒアリング理解の注意事項をのせ、受験者の能力を大いに引きだす。
- 語気と語法の分類に照らし、受験者の暗記と対句語の理解を助ける。
- 目立ったヒアリングの特徴は、各種の慣用句の後に関連する練習問題をとりつけ、HSK の形式に倣ってあり、その場に望む受験者に一種の実践的体験をさせる。

自己の願望を実現するため中国に仕事、留学を志した方の手助けを十分にしたい、というのが作者が本書を執筆した最大の願いである。本書があなたの手元で最大の効果を発揮することを切に願う。

作者

2001 年 11 月

머리말

본서는 HSK 청취력 시험을 위해 전문적으로 설계한 것으로서 사용한 300개 관용구는 모두 HSK 모의고사 문제와 최신 출판한 HSK문제집에서 선택하였다.

관용구는 HSK청취력 시험중의 가장 중요한 부분이자 또한 어려운 부분이기도 하다. 예를 하나 들어보자. "没门儿", "开夜车", "犯不上" 과 "半斤八两" 등등. 몇 개의 문자들로 구성된 위의 구문은 글자 자체의 의미와 다르게 사용되어서 수험생들로 하여금 쉽게 오해 할 수 있도록 하였다.

수험생들로 하여금 짧은 기간내에 이러한 관용구를 이해하고, 기억할 수 있게 하기 위해 본서는 아래에 네 가지 형태로 구분하여 기술하였다.

하나. 어감형태관용어. 예를 들면 "想的美" 는 불가능함을 표시; "真是的" 는 불만족과 불평을 표시하고 있다. HSK청취력 시험 중에서 어감형태관용어는 가장 빈번하게 출제되는 형식 중에 하나이다. 청취력 시험문제에서 어감이 나타내고 있는 정확한 의미를 잘 이해 할 수 있다면, 올바른 답안을 선정할 수있을 것이다.

둘. 단어형 관용어.명사,동사,형용사,부사 등의 관용어 등등. 예를 들면 "两口子", "打下手", "有的是" 와 "压根儿" 이러한 관용어는 청취력의 1부와 2부에서 빈번하게 나타나고, 청취력 부분에서 중요시 되는 부분이다.

셋. 비유형 관용어, 예를 들면 "碰钉子" 와 "开夜车" 이러한 관용어 중에는 모두 하나의 비유하는 단어가 포함되어 있다. "钉子"와 "夜车" 구문의 의미는 매 문자와 의미가 일정한 관계가 있다. 상상력을 발휘한다면 쉽게 이해하고 기억 할 수 있을 것이다. "钉子"는 거절,

질책을 당하거나, 일이 순조롭게 진행되지 않을 때 사용되고, "夜车"는 잠을 자지 않으면서 늦은 시간까지 일을 하는 것을 의미한다.

넷. 성구. 속담. 예를 들면 "丢三落四" "刀子嘴, 豆腐心" 성구,속담은 본래 관용어의 종류에 속하는 것이 아니지만, 청취력 문제에 간혹 출제 되는 경향이 있다. 본서는 네 번째 부분에서 위의 성구,속담을 다루고 있다. 예를 들면 "丢三落四" 일을 처리하는 것이 세심하지 못하다는 것을 나타내고, "刀子嘴, 豆腐心" 말의 표현함에 있어서는 사납고 냉정하지만, 실제로는 따뜻한 마음을 가지고 있다는 의미이다.

본서는 아래와 같은 몇 가지 특징을 갖고 있다.

하나. 선택한 관용어는 모두 HSK 기출문제와 모의고사 문제집에서 발체 하였고, 예문은 짧고 세련되게 생활용어화 하여서 쉽게 이해하고 기억 할 수 있도록 하였다. 모든 예문은 한어병음을 병기하여 쉽게 낭독하고, 암기 할 수 있도록 하였다.

둘. 모든 관용어에는 본래의 뜻에 가장 가까운 주해를 통해 수험생들의 수험능력을 크게 향상 시켰다.

셋. 어감형태관용어 와 용법에 따라 분류하였기에 수험생의 기억과 어휘에 대한 이해를 쉽게 할 수 있도록 하였다.

넷. 청취력 문제의 특징을 강조하기 위해 관용어 설명이후 같은 형식의 연습문제를 준비하였다. 연습문제는 HSK 형식으로서 수험생들로 하여금 실전체험을 할 수 있도록 하였다.

저자는 중국에서 일하고, 학습하고자 하는 사람들에게 도움을 줄 수 있기를 희망하고, 이것이 저자의 가장 큰 바램이다. 본서를 통해 청취력 부분에 커다란 진보가 있기를 희망한다.

저자

2001년 11월

使用方法

【本书的构成】

《HSK 听力惯用语》把在 HSK 听力理解部分常考的惯用语分为“语气型惯用语”、“词语型惯用语”、“比喻型惯用语”及“成语和俗语”四大类。在每类惯用语之后都设计了同步的模拟训练题，使考生能够即学即练。本书的最后附有按拼音排序的惯用语索引，以便于考生查找。

【使用本书的原则】

1. 听的原则。不要忘记本书是专门为 HSK 听力理解设计的。书中的每个惯用语，都要通过耳朵而不是眼睛来记忆，要记住每一个词语的发音而不是书面形式。对于听力词语来说，会认、会写不是掌握，只有听懂才是真正的掌握。所以考生在使用本书时应该反复倾听、跟读配套的磁带，纠正自己不正确的发音，培养对汉语的语感。

2. 词不离句的原则。记忆大量没有规律的惯用语是让人最感头疼、困难的事。想做到学有成效，死记硬背是不行的，要通过句子和对话来理解、记忆惯用语。所以，本书特意为每一条惯用语设计了两个例句或者一个小对话。这些例句和对话或是模仿 HSK 样题,或是日常生活中的场景。考生在记忆这些例句和对话时,应发挥想像力,在头脑中描绘出使用这些惯用语的场景,这样,枯燥的惯用语就会变成你口中生动活泼的语言了。

【惯用语用法说明】

每个惯用语都配有中、英文解释及有助于理解记忆的例句或小对话。有些惯用语包含两个意思,分别用“1”、“2”表示。

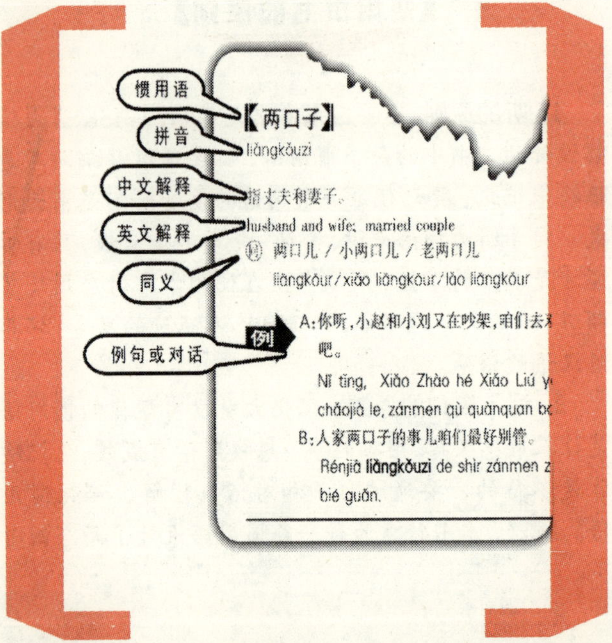

语气型惯用语

Phrases Indicating Mood

语气题是最主要的几种题型之一，而表示特定语气的惯用语正是这类题目中各种语气的重要标志。考生若能熟练掌握这类惯用语所表达的语气，即使听力较差，也能在很短的时间里选出正确的答案。请看两个例子。

例 1:

男:要是再乱砍乱伐,用不了几年这里的森林就会消失了。

女:谁说不是呢!

问:女说话人的意思是什么?

A. 谁也不知道结果会怎样

B. 不知道森林在什么地方

C. 同意男的的观点

D. 不同意男的的观点

答案是 C。“谁说不是呢”表示同意对方的说法。

例 2:

女:我怎么也找不到孙大力,他去年借我的一万块钱还没还呢。

男:什么玩意儿!

问:男说话人是什么态度?

A. 不满

B. 高兴

C. 同情

D. 悲伤

答案是 A。“什么玩意儿”表示不满、责备的语气。

这类惯用语不能按照每一个字的意思来理解，例如："谁说不是"不能理解成"谁+说+不+是"，而应该把它作为一个整体，并结合一定的语调来理解。

本章按照HSK常考的语气排列（如：不满、埋怨；肯定、否定；同意、不同意等），以提高考生的学习效率。考生应反复听磁带，体会惯用语的含义和语气之间的联系，培养自己的语感。考生若能认真地完成后面的练习题，一定能收到事半功倍的效果。

不满、埋怨

Dissatisfaction & complaint

① 不满

Dissatisfaction

【不是那么回事儿】

bú shì nàme huí shìr

不合适。

not all right; not appropriate

例

(1)我们俩在一起根本不是那么回事儿，还是早点儿分手吧。

Wǒmen liǎ zài yìqǐ gēnběn **bú shì nàme huí shìr**, háishì zǎo diǎnr fēnshǒu ba.

(2)都怪我当初看错了人，咱们合伙根本不是那么回事儿！

Dōu guài wǒ dāngchū kàn cuò le rén, zánmen héhuǒ gēnběn **bú shì nàme huí shìr!**

【不像话】

bú xiàng huà

指言行不合情理，常用"太……了"、"实在"等加强语气。

unreasonable; nonsensical; inappropriate

例

(1) 小王，你现在总不去上课，太**不像话**了。

Xiǎo Wáng, nǐ xiànzài zǒng bú qù shàngkè, tài **bú xiàng huà** le.

(2) 你实在太**不像话**了，看见前面是红灯，还硬闯过去。

Nǐ shízài tài **bú xiàng huà** le, kànjian qiánmiàn shì hóngdēng, hái yìng chuǎng guòqu.

【就那么回事儿】

jiù nàme huí shìr

很平常，很一般，没有特别的地方。

so-so; ordinary; common

例

A: 你觉得昨天晚上那部电影怎么样？

Nǐ juéde zuótiān wǎnshang nà bù diànyǐng zěnmeyàng?

B: 大家都说这部电影好看，我看也**就那么回事儿**。

Dàjiā dōu shuō zhè bù diànyǐng hǎokàn, wǒ kàn yě **jiù nàme huí shìr**.

【没法儿说】

méi fǎr shuō

表示不满意,不愿意说。

awful; perishing; indicating dissatisfaction

例

A:那家饭店的服务态度好吗?

Nà jiā fàndiàn de fúwù tàidu hǎo ma?

B:咳,**没法儿说**!

Hài, **méi fǎr shuō**!

【没劲】

méi jìn

没意思,没趣味。不能说成"没劲儿"。

not interesting; no fun. This term cannot be pronounced as 没劲儿.

例

A:这部电影真**没劲**,还不如回家看电视呢!

Zhè bù diànyǐng zhēn **méi jìn**, hái bùrú huíjiā kàn diànshì ne!

B:我倒觉得挺有意思的。

Wǒ dào juéde tǐng yǒu yìsi de.

【你说气人不气人】

nǐ shuō qì rén bu qì rén

表示气愤。

It's used to say something is very provoking.

例

A：上个月我买了双鞋，谁知今天就坏了，你说气人不气人。

Shàng ge yuè wǒ mǎi le shuāng xié, shéi zhī jīntiān jiù huài le, **nǐ shuō qì rén bu qì rén.**

B：唉，现在的商品质量越来越差了。

Ài, xiànzài de shāngpǐn zhìliàng yuèláiyuè chà le.

【让人着急不着急】

ràng rén zháojí bu zháojí

真让人着急。

worrying; vexatious

例

A：咱们儿子怎么还不回来？

Zánmen érzi zěnme hái bù huílai?

B：是啊，现在都 12 点了，你说让人着急不着急。

Shì a, xiànzài dōu shíèr diǎn le, nǐ shuō **ràng rén zháojí bu zháojí.**

【什么玩意儿】

shénme wányìr

表示对某人的话语或为人的不满。

showing the speaker is very discontent with someone

例

(1)你说你**什么玩意儿**,一句实话也没有。

Nǐ shuō nǐ **shénme wányìr**, yí jù shíhuà yě méiyǒu.

(2)这种人,**什么玩意儿**,借人的钱从来都不还。

Zhè zhǒng rén, **shénme wányìr**, jiè rén de qián cónglái dōu bù huán.

【真是的】

zhēn shì de

表示一种不满情绪。

a phrase expressing dissatisfaction

例

A:小刘刚才打电话说,今天他不能来了。

Xiǎo Liú gāngcái dǎ diànhuà shuō, jīntiān tā bù néng lái le.

B:**真是的**,都这会儿了才通知咱们!

Zhēn shì de, dōu zhè huìr le cái tōngzhī zánmen!

---

② 埋 怨

Complaint

【你看你,又来了】

nǐ kàn nǐ, yòu lái le

埋怨对方罗嗦。

Here you come again. It is used to say someone talks too much.

例

A:你一天到晚就知道打麻将,一点儿家务都不干!

Nǐ yì tiān dào wǎn jiù zhīdao dǎ májiàng, yì diǎnr jiāwù dōu bú gàn!

B:你看你,又来了。

Nǐ kàn nǐ, yòu lái le.

【你瞧你】

nǐ qiáo nǐ

表示埋怨。

Look at you! This phrase is used to blame somebody.

例

A:你看,我这件衣服漂亮吗?

Nǐ kàn, wǒ zhè jiàn yīfu piàoliang ma?

B:你瞧你,天天只知道打扮,一点儿都不关心自己的工作。

Nǐ qiáo nǐ, tiāntiān zhǐ zhīdao dǎban, yì diǎnr dōu bù guānxīn zìjǐ de gōngzuò.

【你也太小瞧人了】

nǐ yě tài xiǎo qiáo rén le

看不起人。

look down on; look down one's nose at

例 A：你要是能考上大学，所有人都能上大学了。
Nǐ yàoshi néng kǎo shàng dàxué, suǒyǒu rén dōu néng shàng dàxué le.
B：你也太小瞧人了。
Nǐ yě tài xiǎo qiáo rén le.

【说得出口】

shuō de chū kǒu

表示责备，意思是“能说出口”。

How could you have said that!

㊐ 好意思说　hǎo yìsi shuō

例 A：借我五百块钱吧，我又没钱花了。
Jiè wǒ wǔbǎi kuài qián ba, wǒ yòu méi qián huā le.
B：还说得出口，你上次借我的钱还没还呢。
Hái **shuō de chū kǒu**, nǐ shàngcì jiè wǒ de qián hái méi huán ne.

【怎么不早说】

zěnme bù zǎo shuō

表示埋怨，意思是“应该早点儿说”。

Why didn't you tell me earlier?

例

A：你不用复习这个单元了，老师说这次考试只考前三个单元。

Nǐ bú yòng fùxí zhè ge dānyuán le, lǎoshī shuō zhè cì kǎoshì zhǐ kǎo qián sān ge dānyuán.

B：你怎么不早说？我都快把这个单元复习完了。

Nǐ **zěnme bù zǎo shuō?** wǒ dōu kuài bǎ zhè ge dānyuán fùxí wán le.

【怎么搞的】

zěnme gǎo de

表示不满。

What did you do to make this happen? It is usually used to show one's dissatisfaction.

例

A：怎么搞的，你又把账算错了！

Zěnme gǎo de, nǐ yòu bǎ zhàng suàn cuò le!

B：对不起，我再重新算一遍吧。

Duì bu qǐ, wǒ zài chóngxīn suàn yí biàn ba.

【找死呢】

zhǎo sǐ ne

骂人的话。指责某人做事不顾危险，令人不满。

Do you want to die? Are you crazy?

例

A：路上车这么多，你还开得这么快，找死呢！

Lù shang chē zhème duō, nǐ hái kāi de zhème kuài, **zhǎo sǐ ne!**

B：你才找死呢。

Nǐ cái **zhǎo sǐ ne.**

肯定、否定

Affirmation & Negation

① 肯 定

Affirmation

【等着瞧】

děng zhe qiáo

表示非常自信某事会发生。

wait and see; indicating the speaker is very confident of doing something

㊐ 等着看 děng zhe kàn

例 A：凭你现在的汉语水平，怎么可能过八级呢？
Píng nǐ xiànzài de Hànyǔ shuǐpíng, zěnme kěnéng guò bā jí ne?
B：你就**等着瞧**吧。
Nǐ jiù **děng zhe qiáo** ba.

② 否 定
Negation

【异想天开】

yìxiǎng－tiānkāi

形容想法非常离奇，不可能实现。

ask for the moon; indulge in the wildest fantasy; have a very fantastic idea

例 A：曹小姐长得漂亮，人也很好，我要是能做她男朋友该多好啊！
Cáo xiǎojiě zhǎng de piàoliang, rén yě hěn hǎo, wǒ yàoshi néng zuò tā nán péngyou gāi duō hǎo a!
B：你真是**异想天开**，曹小姐早就结婚了。
Nǐ zhēn shì **yìxiǎng－tiānkāi**, Cáo xiǎojiě zǎo jiù jiéhūn le.

【够呛】

gòuqiàng

困难较大;不可能;难以忍受或承受。

hard; difficult; terrible; unbearable

例

A:今天咱们还去游泳吗?

Jīntiān zánmen hái qù yóuyǒng ma?

B:看今天的天气,游泳恐怕够呛了。

Kàn jīntiān de tiānqì, yóuyǒng kǒngpà **gòuqiàng** le.

【开什么玩笑】

kāi shénme wánxiào

反问语气表示否定,意思是"不要开玩笑了"。

You must be kidding.

例

A:听说你和小刘在谈恋爱,你们准备什么时候结婚啊?

Tīngshuō nǐ hé Xiǎo Liú zài tán liàn'ài, nǐmen zhǔnbèi shénme shíhou jiéhūn a?

B:你开什么玩笑,这种事怎么可能呢?

Nǐ **kāi shénme wánxiào**, zhè zhǒng shì zěnme kěnéng ne?

【连边儿都挨不上】

lián biānr dōu āi bu shàng

没有一点儿可能；不可能。

to be way off; impossible

例 A：小明能考上清华大学吗？
Xiǎo Míng néng kǎo shang Qīnghuá Dàxué ma?
B：唉，连边儿都挨不上。
Ài, **lián biānr dōu āi bu shàng**.

【没法儿】

méi fǎr

没办法；不能。

cannot; be not able to

例 A：小林怎么现在还没到？
Xiǎo lín zěnme xiànzài hái méi dào?
B：他发烧了，今天没法儿来上课。
Tā fāshāo le, jīntiān **méi fǎr** lái shàng kè.

【谁说的】

shéi shuō de

用反问的语气表示否定，意思是“没有人说过这样的话”。

No one said it.

例 A：你买彩票是不是中了大奖了？
Nǐ mǎi cǎipiào shì bu shì zhòng le dàjiǎng le?
B：谁说的？我可没那个福气。
Shéi shuō de? Wǒ kě méi nà ge fúqi.

【死了这条心】

sǐ le zhè tiáo xīn

不要有任何希望；不可能。

impossible; drop the idea forever

例 A：再借给我两千块钱吧，我急用。
Zài jiè gěi wǒ liǎngqiān kuài qián ba, wǒ jí yòng.
B：你就死了这条心吧，我不会再上你的当了。
Nǐ jiù **sǐ le zhè tiáo xīn** ba, wǒ bú huì zài shàng nǐ de dàng le.

【天知道】

tiān zhīdao

没有人知道。

No one knows.

㊐ 鬼知道 guǐ zhīdao / 谁知道 shéi zhīdao

例 A：他今天怎么又没来上课？
Tā jīntiān zěnme yòu méi lái shàng kè?
B：天知道是怎么回事！
Tiān zhīdao shì zěnme huí shì!

【想得美】

xiǎng de měi

不可能。

too optimistic; impossible

例 A:要是我这次买的彩票能中奖就好了。

Yàoshi wǒ zhè cì mǎi de cǎi piào néng zhòng jiǎng jiù hǎo le.

B:想得美,没那么容易。

Xiǎng de měi, méi nàme róngyì.

【下辈子】

xiàbèizi

不可能。

It's impossible.

例 A:你呀,快改掉抽烟的坏毛病吧。

Nǐ ya, kuài gǎi diào chōu yān de huài máobìng ba.

B:下辈子吧。

Xiàbèizi ba.

可 能
Showing Possibility

【八成儿】

bāchéngr

大概,也许。

most probably; most likely

例 A:已经9点多了,王平还会来吗?

Yǐjing jiǔ diǎn duō le, Wáng Píng hái huì lái ma?

B:他八成儿不会来了。

Tā **bāchéngr** bú huì lái le.

【不好说】

bù hǎo shuō

不能肯定。

hard to say; feel uncertain about something

同 说不好 shuō bu hǎo

例

A:我找小刘有点儿事,您知道他什么时候下班吗?

Wǒ zhǎo Xiǎo Liú yǒudiǎnr shì, nín zhīdao tā shénme shíhou xiàbān ma?

B:他最近工作特别忙,什么时候能下班可真不好说。

Tā zuìjìn gōngzuò tèbié máng, shénme shíhou néng xiàbān kě zhēn **bù hǎo shuō**.

【没准儿】

méi zhǔnr

可能,也许。

maybe; probably; not sure

例

A:你知道老赵去哪儿了吗?

Nǐ zhīdao Lǎo Zhào qù nǎr le ma?

B:老赵最喜欢下棋,今天没准儿又找人下棋去了。

Lǎo Zhào zuì xǐhuan xiàqí, jīntiān **méi zhúnr** yòu zhǎo rén xiàqí qu le.

【难保】

nán bǎo

很难保证。

cannot say for sure

㊐ 保不准 bǎo bu zhǔn

例

A：今天难保不下雨，你带上伞吧。

Jīntiān **nán bǎo** bú xià yǔ, nǐ dài shang sǎn ba.

B：不用带，天气预报说今天白天没有雨。

Bú yòng dài, tiānqì yùbào shuō jīntiān báitiān méiyǒu yǔ.

【十有八九】

shí yǒu bā jiǔ

很可能。

in eight or nine cases out of ten; most probably; very likely

例

A：已经 11 点了，老刘怎么还不来？

Yǐjing shíyī diǎn le, Lǎo Liú zěnme hái bù lái?

B：我看他十有八九是不来了。

Wǒ kàn tā **shí yǒu bā jiǔ** shì bù lái le.

【说不准】

shuō bu zhǔn

不能肯定。

be in doubt; be not sure of; feel uncertain

例 A：你知道小李什么时候能来？
Nǐ zhīdao Xiǎo Lǐ shénme shíhou néng lái?
B：我可**说不准**。
Wǒ kě **shuō bu zhǔn**.

同意、不同意
Agreement & Disagreement

① 同 意
Agreement

【好说】 = 没问题

hǎo shuō

表示同意。

no problem; ok

例 A：你什么时候有时间，帮我修修自行车吧。
Nǐ shénme shíhou yǒu shíjiān, bāng wǒ xiūxiu zìxíngchē ba.
B：**好说**。
Hǎo shuō.

【可不嘛】

kě bu ma

表示同意。

exactly; that's just the way it is

㊐ 可不是嘛 kě bú shì ma

例

A：今天早晨还是阳光灿烂呢，下午就下起了小雪。天气变化可真快呀！

Jīntiān zǎochén háishì yángguāng cànlàn ne, xiàwǔ jiù xià qǐ le xiǎo xuě. Tiānqì biànhuà kě zhēn kuài ya!

B：可不嘛。

Kě bu ma.

【可也是】

kě yě shì

表示同意。

showing one's approval

㊐ 说的是 shuō de shì

例

A：昨天刚下过雪，路这么滑，你就别去了。

Zuótiān gāng xià guò xuě, lù zhème huá, nǐ jiù bié qù le.

B：可也是，那我明天再去吧。

Kě yě shì, nà wǒ míngtiān zài qù ba.

【没错儿】

méi cuòr

表示同意。

definitely; without doubt; exactly

例

A:听说今年"五一"放七天假。

Tīngshuō jīnnián"wǔ-yī"fàng qī tiān jià.

B:没错儿。

Méi cuòr.

【没问题】

méi wèntí

表示同意。

no problem

例

A:我想应聘经理的职位,你说我能行吗?

Wǒ xiǎng yìngpìn jīnglǐ de zhíwèi, nǐ shuō wǒ néng xíng ma?

B:你能力很强,肯定没问题。

Nǐ nénglì hěn qiáng, kěndìng **méi wèntí.**

【那是】

nà shì

表示同意。

definitely; without a doubt

例

A：小李写文章还真有两下子。

Xiǎo Lǐ xiě wénzhāng hái zhēn yǒu liǎng xià zi.

B：**那是**，他是中文系的高材生嘛。

Nà shì, tā shì Zhōngwén xì de gāocáishēng ma.

【谁说不是呢】

shéi shuō bú shì ne

表示同意。

definitely; without doubt

例

A: 他总迟到多不好呀。

Tā zǒng chídào duō bù hǎo ya.

B: **谁说不是呢**。

Shéi shuō bú shì ne.

② 不同意

Disagreement

【哪儿呀】

nǎr ya

反问的语气表示否定。

no; a negative answer

例 A:王丽还没结婚吧?
Wáng Lì hái méi jiéhūn ba?
B:哪儿呀,她的孩子都快上小学了。
Nǎr ya, tā de háizi dōu kuài shàng xiǎoxué le.

【那怎么行】

nà zěnme xíng

反问的语气表示否定,意思是"不行"。

out of the question

例 A:我明天不想去上班了,你帮我请个假吧。
Wǒ míngtiān bù xiǎng qù shàngbān le, nǐ bāng wǒ qǐng ge jià ba.
B:那怎么行,明天还要开会呢。
Nà zěnme xíng, míngtiān hái yào kāihuì ne.

拒绝

Expressing Rejection

【别打我的主意】

bié dǎ wǒ de zhǔyi

不要想利用我，表示拒绝。

Don't expect me to do it for you.

例 A：别人都同意了，你也在这儿签个字吧。

Biérén dōu tóngyì le, nǐ yě zài zhèr qiān ge zì ba.

B：这种事儿你最好别打我的主意。

Zhè zhǒng shìr nǐ zuìhǎo **bié dǎ wǒ de zhǔyi**.

【别跟我来这一套】

bié gēn wǒ lái zhè yí tào

表示反感，语气较重，意思是"不要这样做"。

I don't take it; don't do that

例 A：小姐，我的钱包昨天被人偷了，您能不能借给我100块钱当路费？

Xiǎojiě, wǒ de qiánbāo zuótiān bèi rén tōu le, nín néng bu néng jiè gěi wǒ yìbǎi kuài qián dāng lùfèi?

B：你别跟我来这一套，我是不会相信你这种骗子的。

Nǐ **bié gēn wǒ lái zhè yí tào**, wǒ shì bú huì xiāngxìn nǐ zhèzhǒng piànzi de.

【不了】

bù le

相当于"不",表示拒绝,语气比较轻。

No, thank you.

例

A:你能和我一起去看电影吗?

Nǐ néng hé wǒ yìqǐ qù kàn diànyǐng ma?

B:不了,我今天还要加班呢。

Bù le, wǒ jīntiān hái yào jiābān ne.

【得了吧】

dé le ba

表示拒绝,意思是"不必了"。

stop talking; why don't shut up

例

A:你不用找别人了,我帮你把这篇文章翻译成英语。

Nǐ bú yòng zhǎo biérén le, wǒ bāng nǐ bǎ zhè piān wénzhāng fānyì chéng Yīngyǔ.

B:得了吧,你的英语水平我还不清楚。

Dé le ba, nǐ de Yīngyǔ shuǐpíng wǒ hái bù qīngchu.

【没门儿】

méi ménr

表示不同意,还表示没希望,不可能。语气比较强。

no way; forget it; no hope

例
A:你把这本书给我吧。
Nǐ bǎ zhè běn shū gěi wǒ ba.
B:没门儿,我还要看呢!
Méi ménr, wǒ hái yào kàn ne!

【再说吧】

zài shuō ba

表示推托,委婉地拒绝。

hold over; put off until some time later. It's usually used as the refusal of an invitation.

例
A:星期六来我家做客,好吗?
Xīngqīliù lái wǒ jiā zuòkè, hǎo ma?
B:我最近特别忙,过一段时间再说吧。
Wǒ zuìjìn tèbié máng, guò yí duàn shíjiān **zài shuō ba**.

称赞

Expressing Compliment

【是把好手】

shì bǎ hǎo shǒu

有能力的人。

be a good hand; be an ace

例 A：她开车已经八年了，一次事故也没有出过。
Tā kāichē yǐjing bā nián le, yí cì shìgù yě méiyǒu chū guo.
B：那当然，她**是把好手**。
Nà dāngrán, tā **shì bǎ hǎo shǒu**.

【像那么回事】

xiàng nàme huí shì

有一定的水平；不错。

make a good impression; not bad

同 像样儿 xiàng yàngr

例 A：约翰唱京剧还真**像那么回事**。
Yuēhàn chàng jīngjù hái zhēn **xiàng nàme huí shì**.
B：是啊，唱得真不错。
Shì a, chàng de zhēn bú cuò.

【有一手】

yǒu yì shǒu

表示在某方面有能力。

have a remarkable skill

例

A:这两天我的胃病又犯了,整天吃不下饭。

Zhè liǎngtiān wǒ de wèi bìng yòu fàn le, zhěngtiān chī bu xià fàn.

B:刘大夫治胃病有一手,你去找他看看吧。

Liú dàfu zhì wèibìng **yǒu yì shǒu**, nǐ qù zhǎo tā kànkan ba.

【有两下子】

yǒu liǎng xià zi

有本领,有能力。

have capacity or ability; be efficient and able

例

A:小伙子,骑上去看看怎么样?

Xiǎo huǒzi, qí shàng qu kànkan zěnmeyàng?

B:您真有两下子,这么快就把我的自行车修好了。

Nín zhēn **yǒu liǎng xià zi**, zhème kuài jiù bǎ wǒ de zìxíngchē xiū hǎo le.

决 定
Making a Decision

【说定了】

shuō dìng le

不再改变。

That settles it!

例

A:咱们就说定了,明天晚上电影院门口见。
Zánmen jiù **shuō dìng le**, míngtiān wǎnshang diànyǐngyuàn ménkǒu jiàn.

B:好吧,不见不散。
Hǎo ba,bújiàn búsàn.

【说好(了)】

shuō hǎo (le)

不再改变。

It's settled.

例 (1)说好(了)的事就别再改了。
Shuō hǎo(le) de shì jiù bié zài gǎi le.
(2)出发的时间还没说好。
Chūfā de shíjiān hái méi **shuō hǎo**.

【说死了】

shuō sǐ le

不再改变,表示达成协议。
That's the deal.

例 A:咱们明天在哪儿集合?
Zánmen míngtiān zài nǎr jíhé?
B:我已经跟小张说死了,明天在电影院门口见。
Wǒ yǐjing gēn Xiǎo Zhāng **shuō sǐ le**, míngtiān zài diànyǐngyuàn ménkǒu jiàn.

【铁了心】

tiě le xīn

指下定了决心。
be unshakable in one's determination

例 A:你的女朋友给你打电话了吗?
Nǐ de nǚ péngyou gěi nǐ dǎ diànhuà le ma?
B:我想她是铁了心了,不想再理我了。
Wǒ xiǎng tā shì **tiě le xīn** le, bù xiǎng zài lǐ wǒ le.

劝告

Giving Advice

【别高兴得太早】

bié gāoxìng de tài zǎo

在事情成功以前不要过分高兴。

It's too early for you to celebrate. This phrase indicates that the things haven't been done.

例

A: 这笔生意如果成功了，我就请大家吃饭。

Zhè bǐ shēngyi rúguǒ chénggōng le, wǒ jiù qǐng dàjiā chīfàn.

B: 别高兴得太早，现在还不知道事情的结果呢。

Bié gāoxìng de tài zǎo, xiànzài hái bù zhīdao shìqing de jiéguǒ ne.

【别急】

bié jí

不要着急。

don't worry

㊂ 急什么 jí shénme

例 (1)你**别急**,, 有什么困难我帮你。

Nǐ **bié jí**, yǒu shénme kùnnan wǒ bāng nǐ.

(2)**别急**,时间还早着呢。

Bié jí, shíjiān hái zǎo zhe ne.

【不要紧】

bú yàojǐn

1. 不严重,没有妨碍

not serious

例 A:您现在感觉怎么样?

Nín xiànzài gǎnjué zénmeyàng?

B:我的病**不要紧**,你们就别为我担心了。

Wǒ de bìng **bú yàojǐn**, nǐmen jiù bié wèi wǒ dānxīn le.

2. 不重要,不成问题

unimportant

例 A:这里离天安门太远了,咱们怎么去啊?

Zhèlǐ lí Tiān'ānmén tài yuǎn le, zánmen zěnme qù a?

B:**不要紧**, 我们可以坐汽车去。

Bú yàojǐn, wǒmen kěyǐ zuò qìchē qù.

【可不是闹着玩儿的】

kě bú shì nào zhe wánr de

（对人或者事）不能轻率。

take seriously; be not joking

㊐ 可不是开玩笑的 kě bú shì kāi wánxiào de

例

A：警察同志，实在对不起，我没有注意到红灯。

Jǐngchá tóngzhì, shízài duìbuqǐ, wǒ méiyǒu zhùyì dào hóngdēng.

B：街上车这么多，可不是闹着玩儿的，以后过马路一定要小心。

Jiēshang chē zhème duō, **kě bú shì nào zhe wánr de**, yǐhòu guò mǎlù yídìng yào xiǎoxīn.

【没什么大不了的】

méi shénme dà bu liǎo de

没有关系。

not a big deal; nothing to be impressed by

㊐ 没什么了不起的 méi shénme liǎo bu qǐ de

例

A：我今天不小心把张力飞的眼镜摔碎了。
Wǒ jīntiān bù xiǎoxīn bǎ Zhāng Lìfēi de yǎnjìng shuāi suì le.

B：小王，这没什么大不了的，你就别放在心上了。
Xiǎo Wáng，zhè **méi shénme dà bu liǎo de**, nǐ jiù bié fàngzài xīn shang le.

听任
Being Indifferent

【不在乎】

bú zàihu

形容对人或事完全不放在心上。

not mind; not care

例

(1)能不能考上大学他一点儿不在乎。
Néngbunéng kǎo shang dàxué tā yìdiǎnr **bú zàihu**.

(2)你想怎么说就怎么说吧，我不在乎。
Nǐ xiǎng zěnme shuō jiù zěnme shuō ba, wǒ **bú zàihu**.

【管他呢】

guǎn tā ne

意思是"不管他";随便;不关心

I don't care; it doesn't matter to me

㊐ 由他去吧 yóu tā qù ba

例 A:小张说他明天不想跟咱们一块儿去了。
Xiǎo Zhāng shuō tā míngtiān bù xiǎng gēn zánmen yí kuàir qù le.
B:他爱去不去,管他呢!
Tā ài qù bú qù, **guǎn tā ne!**

【随你的便】

suí nǐ de biàn

对方愿意怎么样就怎么样。

do anything as you like; it doesn't matter to me

例 (1)你要告就去告,随你的便。
Nǐ yào gào jiù qù gào, **suí nǐ de biàn.**
(2)你想吃什么就吃什么,随你的便。
Nǐ xiǎng chī shénme jiù chī shénme, **suí nǐ de biàn.**

【无所谓】

wúsuǒwèi

都可以;没关系。

be indifferent; not matter

例

A:你想吃点儿什么?

Nǐ xiǎng chī diǎnr shénme?

B:我无所谓,你来点菜吧。

Wǒ **wúsuǒwèi**, nǐ lái diǎn cài ba.

【睁一只眼闭一只眼】

zhēng yì zhī yǎn bì yì zhī yǎn

假装没看见(多用于不好的事)。

turn a blind eye to something; wink at something; pretend not to see something

例

A:老牛,你这么做可是违反规定啊。

Lǎo Niú, nǐ zhème zuò kěshì wéifǎn guīdìng a.

B:咱们是这么多年的好朋友了,这件事你就睁一只眼闭一只眼吧。

Zánmen shì zhème duō nián de hǎo péngyou le, zhè jiàn shì nǐ jiù **zhēng yì zhī yǎn bì yì zhī yǎn** ba.

无奈

Having No Alternatives

【不得不】

bù dé bù

只好，只能。表示由于某种条件的限制，只好这样做了。

have to; have no choice but to

例

(1) 虽然外面风很大，但是我**不得不**去上班。
Suīrán wàimian fēng hěn dà, dànshì wǒ **bù dé bù** qù shàng bān.

(2) 因为电话打不通，所以我**不得不**亲自去他家一趟。
Yīnwéi diànhuà dǎ bu tōng, suǒyǐ wǒ **bù dé bù** qīnzì qù tā jiā yí tàng.

【不得已】

bù dé yǐ

没办法,不能不这样。没有更好的办法而采取的措施。
have no choice but to; be forced to do something because there's no other way

㊞ 万不得已 wàn bù dé yǐ

例 A:你怎么搞的,昨天一夜都没有回家。
Nǐ zěnme gǎo de, zuótiān yí yè dōu méiyǒu huíjiā.
B:工作得太晚,实在是不得已。
Gōngzuò de tài wǎn, shízài shì **bù dé yǐ**.

【没脾气】

méi píqi

对某人或某事没办法。
find no way to deal with somebody; can do nothing about somebody

例 这两口子好两天,坏两天,真拿他们没脾气。
Zhè liǎng kǒuzi hǎo liǎng tiān, huài liǎng tiān, zhēn ná tāmen **méi píqi**.

【没辙】

méi zhé

对某人或某事没办法。
find no way to deal with somebody; can do nothing about somebody

例

(1)我该说的都说了，可他就是不听，真拿他没辙。

Wǒ gāi shuō de dōu shuō le, kě tā jiù shì bù tīng, zhēn ná tā **méi zhé**.

(2)我对这件事没辙了，你再找别人吧。

Wǒ duì zhè jiàn shì **méi zhé le**, nǐ zài zhǎo biérén ba.

【拿他没办法】

ná tā méi bànfǎ

对他没有办法；不知道怎么对付他。

find no way to deal with somebody; can do nothing about somebody

例

A：我说什么我女儿都不听，我真拿她没办法。

Wǒ shuō shénme wǒ nǚér dōu bù tīng, wǒ zhēn **ná tā méi bànfǎ**.

B：现在的年轻人都是这样。

Xiànzài de niánqīng rén dōu shì zhèyàng.

客套话
Polite Remarks

【别客气】

bié kèqi

客套话，回答别人感谢时说的话。

You are welcome.

例

A：你到我家做客，还让你花钱，我真不好意思。

Nǐ dào wǒjiā zuòkè, hái ràng nǐ huā qián, wǒ zhēn bù hǎo yìsi.

B：咱们是好朋友，你就别客气了。

Zánmen shì hǎo péngyou, nǐ jiù **bié kèqi** le.

【对不起】

duì bu qǐ

表示道歉。

sorry; pardon me

例 A：你知道去物理系怎么走吗？
Nǐ zhīdao qù wùlǐ xì zěnme zǒu ma?
B：对不起，我对这里也不熟悉。
Duì bu qǐ, wǒ duì zhèlǐ yě bù shúxī.

【恭敬不如从命】

gōngjìng bùrú cóng mìng

接受对方的邀请时说的客气话。

Obedience is better than politeness.

例 你请我去你家，我只有恭敬不如从命了。
Nǐ qǐng wǒ qù nǐjiā, wǒ zhǐyǒu **gōngjìng bùrú cóng mìng** le.

【恭喜】

gōngxǐ

客套话，祝贺别人的喜事。

congratulations

例 A：我打算下星期一举办婚礼，你能参加吗？
Wǒ dǎsuàn xià xīngqīyī jǔbàn hūnlǐ, nǐ néng cānjiā ma?
B：恭喜，恭喜！我一定会参加你的婚礼的。
Gōngxǐ, gōngxǐ! Wǒ yídìng huì cānjiā nǐ de hūnlǐ de.

【看你说到哪儿去了】

kàn nǐ shuōdào nǎr qù le

客套话，用反问的语气来回答别人致歉或者感谢的话。

You are welcome.

㊐ 客气什么呀 kèqi shénme ya

例 A：我真不知道怎么感谢你才好。
Wǒ zhēn bù zhīdao zěnme gǎnxiè nǐ cái hǎo.
B：看你说到哪儿去了？大家都是邻居嘛！
Kàn nǐ shuōdào nǎr qù le? Dàjiā dōu shì línjū ma!

【没什么】

méi shénme

客套话，意思是“没有关系”。

it doesn't matter; it's nothing; never mind

例 A：兰兰，谢谢你帮我翻译这篇文章。
Lánlan, xièxie nǐ bāng wǒ fānyì zhè piān wénzhāng.
B：没什么，应该做的。
Méi shénme, yīnggāi zuò de.

【哪儿的话】

nǎr de huà

客套话,用来回答别人致歉或者感谢的话。

not at all; showing politeness

㊐ 没关系 méi guānxi / 别客气 bié kèqi

例 A:这么晚来麻烦你,真不好意思。
Zhème wǎn lái máfan nǐ, zhēn bù hǎo yìsi.
B:哪儿的话呀。
Nǎr de huà ya.

【真不知道怎么感谢你才好】

zhēn bù zhīdao zěnme gǎnxiè nǐ cái hǎo

客套话,表示感谢。

I can't thank you enough. It's an expression of gratitude.

例 A:你帮了我这么多忙,我真不知道怎么感谢你才好。
Nǐ bāng le wǒ zhème duō máng, wǒ **zhēn bù zhīdao zěnme gǎnxiè nǐ cái hǎo.**
B:客气什么呀,咱俩谁跟谁呀。
Kèqi shénme ya, zán liǎ shéi gēn shéi ya.

模拟训练 Drills

第一部分

1. A. 说对方很会办事
   B. 希望和对方继续合作
   C. 后悔不应该和对方合作
   D. 说对方不会办事

2. A. 反感
   B. 高兴
   C. 难过
   D. 骄傲

3. A. 这家饭馆的厨师只会做川菜
   B. 这家饭馆的厨师擅长做川菜
   C. 这家饭馆的厨师用一只手炒菜
   D. 这家饭馆的厨师工作很努力

4. A. 恼怒
   B. 无奈
   C. 高兴
   D. 痛苦

5. A. 这家工厂被迫倒闭了
   B. 这家工厂的门没开
   C. 这家工厂不能倒闭
   D. 这家工厂一会儿才开门

6. A. 责怪
   B. 夸奖
   C. 后悔
   D. 惊喜

第二部分

7. A. 赞扬
   B. 同情
   C. 不满
   D. 羡慕

8. A. 同意
   B. 不好意思
   C. 无所谓
   D. 坚决反对

9. A. 男的的鞋坏了
   B. 女的让男的去换鞋
   C. 这双鞋的质量很差
   D. 男的问女的应不应该生气

10. A. 愿意帮男的抄笔记
    B. 不愿意帮男的抄笔记
    C. 没时间帮男的抄笔记
    D. 不能帮男的抄笔记

11. A. 同意集合的时间和地点
    B. 不同意集合的时间和地点

C. 不知道集合的时间和地点
D. 集合的时间和地点还没定下来

12. A. 很可能是路上堵车了
B. 他们约会的时间是 10 点
C. 他们约会的时间是 9 点
D. 肯定是路上堵车了

13. A. 我当然是你们家的大恩人
B. 我不是你们的大恩人
C. 说对方太客气了
D. 看不见女的

14. A. 想玩会儿再回学校
B. 不想回学校
C. 不愿意走着回学校
D. 愿意走着回学校

15. A. 小伟可能考上大学了
B. 小伟肯定能考上大学
C. 小伟肯定考不上大学
D. 小伟已经不上学了

16. A. 吃面条
B. 吃饺子
C. 都不吃
D. 面条和饺子都可以

17. A. 认为电话费不贵
    B. 认为电话费有点贵
    C. 认为电话费太贵了
    D. 认为电话费很便宜

18. A. 谁也不知道结果会怎样
    B. 她不知道原始森林在什么地方
    C. 她同意男的的观点
    D. 她不同意男的的观点

答案与文本
Answers & Tapescripts

第一部分

1. 我也看透了,咱们俩合伙不是那么回事。
   问:说话人是什么意思?
   答案是 C。

2. 我什么人没见过,别跟我来这一套!
   问:说话人的口气是什么?
   答案是 A。

3. 这家饭馆的厨师做川菜还是很有一手的。
   问:说话人是什么意思?
   答案是 B。

4. 这孩子特别淘气,一点儿都不听话,真拿他没办法!
   问:说话人是什么口气?
   答案是 B。

5. 这家工厂年年亏损,不得已关门了。
   问:这句话是什么意思?
   答案是 A。

6. 像你这么饥一顿、饱一顿的,胃没法儿好了!
   问:说话人口气是什么?

答案是 A。

第二部分

7. 女:李明总是爱贪别人的小便宜。
   男:他这人真没法儿说。
   问:男说话人对李明是什么态度?
   答案是 C。

8. 男:咱们这个月钱不够花,去跟你妈要 1000 元吧!
   女:这种话你也说得出口。
   问:女的是什么态度?
   答案是 D。

9. 男:这双鞋刚穿了三天就开胶了,你说气人不气人。
   女:找他们换去呀!
   问:根据上面的对话,下面哪句话是错误的?
   答案是 D。

10. 男:反正你也没什么事儿,就帮我抄抄笔记吧!
    女:没门儿!
    问:女说话人的意思是什么?
    答案是 B。

11. 男: 星期天早晨 10 点我们在学校西门集合, 一起去圆明园。
    女:那就说定了。

问:女说话人是什么意思?
答案是 A。

12. 男:已经过了半个小时了,小王怎么还不来?
女:十有八九是路上堵车了。
问:女说话人是什么意思?
答案是 A。

13. 女:你真是我们家的大恩人啊!
男:看你说到哪儿去了。
问:男说话人是什么意思?
答案是 C。

14. 女:反正也没事儿,我们走着回学校吧?
男:那么远,你开什么玩笑!
问:男说话人是什么意思?
答案是 C。

15. 女:你觉得小伟能考上大学吗?
男:连边儿都挨不上!
问:男说话人是什么意思?
答案是 C。

16. 男:你是吃面条,还是吃饺子?
女:我无所谓,看他们吧。
问:女说话人是什么意思?
答案是 D

17. 女：打到美国，一分钟八块，国际长途电话也太贵了。

男：可不嘛。

问：男说话人是什么意思？

答案是 C。

18. 男：要是再乱砍乱伐，用不了几年这里的原始森林就会消失了。

女：谁说不是呢！

问：女说话人是什么意思？

答案是 C。

词语型惯用语

Phrases Considered as a Part of Speech

词语型惯用语包括名词、动词、形容词、副词性的惯用语和插入语。这类惯用语在听力理解第一和第二部分出现的频率非常高，而且只要出现，多半是题目的考点。

例 1:

女：我跟我的同事小王怎么也说不上来。

问：说话人同小王的关系怎么样？

A. 很好

B. 一般

C. 很难沟通

D. 互相不认识

答案是 C。“说不上来”在这里的意思是“很难沟通”。

例 2:

女：这种水果我从来没见过。

男：在我们那里倒是有的是。

问：从上面的对话我们知道什么？

A. 男的也没见过这种水果

B. 男的见过这种水果

C. 男的不认识这种水果

D. 男的没吃过这种水果

答案是 B。“有的是”表示数量多，说明男的见过这种水果。

这类惯用语有的跟字面意思有关系，例如“抽空儿”，有的完全没有关系，例如“有的是”。无论哪一种，只要你听熟悉了，很多的听力题都会变得非常容易，因为对这些题你不一定要听懂说话人谈论的具体内容，只要抓住这些惯用语，就一定能选出正确的答案。

名词性惯用语
Noun Phrases

【不足之处】
bù zú zhī chù

缺点。
disadvantage; shortcoming; defect

例

A:这部电影中有些演员演得太差了。
Zhè bù diànyǐng zhōng yǒuxiē yǎnyuán yǎn de tài chà le.

B:这部电影是有不足之处,但是总的来说还是一部比较好的片子。
Zhè bù diànyǐng shì yǒu **bù zú zhī chù**, dànshì zǒng de lái shuō háishì yíbù bǐjiào hǎo de piānzi.

【大款】
dà kuǎn

有钱的人。

rich person; big wheel

例

A:你看,这座房子多漂亮呀,才 70 万。

Nǐ kàn, zhè zuò fángzi duō piàoliang ya, cái qīshí wàn.

B:我又不是大款, 怎么买得起这么贵的房子?

Wǒ yòu bú shì **dà kuǎn**, zěnme mǎi de qǐ zhème guì de fángzi?

【大忙人】

dà máng rén

工作繁忙的人。

a person who is very busy

例

A:我每次找你,你都说没有时间。你可真是个大忙人。

Wǒ měicì zhǎo nǐ, nǐ dōu shuō méiyǒu shíjiān. Nǐ kě zhēn shì ge **dà máng rén**.

B:我们厂正在开发新产品,所以这段时间比较忙。

Wǒmen chǎng zhèngzài kāifā xīn chǎnpǐn, suǒyǐ zhè duàn shíjiān bǐjiào máng.

【鬼主意】

guǐ zhǔyi

坏主意。

wicked idea; trick

㊞ 鬼点子 guǐ diǎnzi

例

(1) 他人虽然小，但是鬼主意却不少。

Tā rén suīrán xiǎo, dànshì **guǐ zhǔyi** què bù shǎo.

(2) 你跟他合作可得小心点儿，他的鬼主意特别多。

Nǐ gēn tā hézuò kě děi xiǎoxīn diǎnr, tā de **guǐ zhǔyi** tèbié duō.

【好话】

hǎo huà

指求情的话或者表示歉意的话。

the words of begging or apologizing

例

(1) 平时不努力，考试不及格，现在和老师说好话也没用。

Píngshí bù nǔlì, kǎoshì bù jígé, xiànzài hé lǎoshī shuō **hǎo huà** yě méi yòng.

(2) 我跟老师傅说了许多好话，他才让我进来。

Wǒ gēn lǎo shīfu shuō le xǔduō **hǎo huà**, tā cái ràng wǒ jìnlai.

【急脾气】

jí píqi

性情急躁的人。

an impatient person; a person with a hot temper

例

A: 没想到她不到两天就把工作做完了。

Méi xiǎng dào tā bú dào liǎng tiān jiù bǎ gōngzuò zuò wán le.

B: 她是个急脾气，干什么事都特别快。

Tā shì ge **jí píqi**, gàn shénme shì dōu tèbié kuài.

【啦啦队】

lālāduì

体育运动比赛时，在旁边给运动员呐喊加油的一组人。

cheering squad; rooters

例

A: 明天我们学校开运动会，你来给我们当啦啦队吧。

Míngtiān wǒmen xuéxiào kāi yùndònghuì, nǐ lái gěi wǒmen dāng **lālāduì** ba.

B: 好，我明天正好没事儿，去给你们加油。

Hǎo, wǒ míngtiān zhènghǎo méi shìr, qù gěi nǐmen jiāyóu.

【两口子】

liǎngkǒuzi

指丈夫和妻子。

husband and wife; married couple

㊀ 两口儿 liǎngkǒur/ 小两口儿 xiǎo liǎngkǒur / 老两口儿 lǎo liǎngkǒur

例

A:你听,小赵和小刘又在吵架了,咱们去劝劝吧。

Nǐ tīng, Xiǎo Zhào hé Xiǎo Liú yòu zài chǎojià le, zánmen qù quànquan ba.

B:人家两口子的事儿咱们最好别管。

Rénjia **liǎngkǒuzi** de shìr zánmen zuì hǎo bié guǎn.

【马大哈】

mǎdàhā

粗心大意的人。

a careless person; scatterbrain

例

A:哎呀! 我忘带课本了。

Ài ya! Wǒ wàng dài kèběn le.

B:你呀,天天忘带东西,真是一个马大哈。

Nǐ ya, tiāntiān wàng dài dōngxi, zhēn shì yí ge **mǎdàhā**.

【拿手好戏】

náshǒu hǎoxì

很擅长的事情。

a game or trick one is good at

例 A：徐曼做的西湖醋鱼味道真不错。

Xú Màn zuò de Xīhú cù yú wèidao zhēn búcuò.

B：当然了，这是她的拿手好戏。

Dāngrán le, zhè shì tā de **ná shǒu hǎo xì**.

【我那位】

wǒ nà wèi

我的爱人。

my husband or wife; my boyfriend or girlfriend

例 A：我那位天天忙单位的事，家里什么事情都不管。

Wǒ nà wèi tiāntiān máng dānwèi de shì, jiāli shénme shìqing dōu bù guǎn.

B：男人嘛，就应该以事业为重。

Nán rén ma, jiù yīnggāi yǐ shìyè wéi zhòng.

【瞎话】

xiā huà

不真实的话;谎话。

lie

例 A:你这套西装得两三千块钱吧,花这么多钱买套西装你难道不心疼吗?

Nǐ zhè tào xīzhuāng děi liǎng sān qiān kuài qián ba, huā zhème duō qián mǎi tào xīzhuāng nǐ nándào bù xīnténg ma?

B:说不心疼是瞎话,不过该花的钱也得花呀。

Shuō bù xīnténg shì **xiā huà**, búguò gāi huā de qián yě děi huā ya.

【这把年纪】

zhè bǎ niánjì

认为年龄大而不该做某事。

at such an old age

㊐ 一把年纪 yì bǎ niánjì

例 A:我想今年夏天去黄山旅游,看看风景。

Wǒ xiǎng jīnnián xiàtiān qù Huángshān lǚyóu, kànkan fēngjǐng.

B:您都这把年纪了,就别跑那么远了。

Nín dōu **zhè bǎ niánjì** le, jiù bié pǎo nàme yuǎn le.

动词性惯用语

Verb Phrases

【巴不得】

bā bu de

追切盼望,常用于有可能做的事。

earnestly; be very anxious to do something; often used on those things which can be realized.

例

(1)我巴不得马上离开呢!

Wǒ **bā bu de** mǎshàng líkāi ne!

(2)听到春游的消息,同学们高兴极了,巴不得马上就出发。

Tīng dào chūn yóu de xiāoxi, tóngxuémen gāoxìng jí le, **bā bu de** mǎshàng jiù chūfā.

【白搭】

báidā

没有用处,白费力气。

have no use; spend effort in vain

例

A：我想去李志强那儿一趟，跟他谈点儿事儿。
Wǒ xiǎng qù Lǐ Zhìqiáng nàr yí tàng, gēn tā tán diǎnr shìr.

B：李志强今天不在家，你去了也白搭。
Lǐ Zhìqiáng jīntiān bú zài jiā, nǐ qù le yě **báidā**.

【帮倒忙】

bāng dào máng

形式上帮忙而实际上反添麻烦。

more trouble than you are worth; be more of a hindrance than a help

例

我现在已经很烦了，你就别给我帮倒忙了。
Wǒ xiànzài yǐjing hěn fán le, nǐ jiù bié gěi wǒ **bāng dào máng** le.

【操碎了心】

cāo suì le xīn

费尽心思考虑和料理。

worry about; take pains

例

(1)妈妈为女儿的婚事操碎了心。
Māma wèi nǚér de hūnshì **cāo suì le xīn**.

(2)经理为了公司的发展操碎了心。
Jīnglǐ wèi le gōngsī de fāzhǎn **cāo suì le xīn**.

【吃苦】

chī kǔ

遭受痛苦、苦难。

suffer for it

例

A:你妈妈可真能干。

Nǐ māma kě zhēn nénggàn.

B 我爸爸去世早,妈妈一个人带着我们三个孩子,这些年真吃了不少苦。

Wǒ bàba qùshì zǎo, māma yí ge rén dài zhe wǒmen sān ge háizi, zhè xiē nián zhēn **chī** le bùshǎo **kǔ**.

【抽空儿】

chōu kòngr

找时间。

manage to find time

例

(1)小李,你明天抽空儿陪我去一趟书店吧。

Xiǎo Lǐ, nǐ míngtiān **chōu kòngr** péi wǒ qù yí tàng shūdiàn ba.

(2)这个星期你抽空儿来我家一趟吧,我想跟你商量点儿事。

Zhège xīngqī nǐ **chōu kòngr** lái wǒ jiā yí tàng ba, wǒ xiǎng gēn nǐ shāngliang diǎnr shì.

【出毛病】

chū máobing

1. 生病。

fall ill; fall sick

例

A:好久没有见到老张了。

Hǎojiǔ méiyǒu jiàndào Lǎo Zhāng le.

B:老张的心脏**出**了点儿**毛病**,住了一个多月的院。

Lǎo Zhāng de xīnzàng **chū** le diǎnr **máobing**, zhù le yí ge duō yuè de yuàn.

2. 发生故障、意外。

be (go) out of order; go wrong; break down

例

A:电视机怎么了,这么不清楚?

Diànshìjī zěnme le, zhème bù qīngchu?

B:好像**出毛病**了,明天得找人修一修。

Hǎoxiàng **chū máobing** le, míngtiān děi zhǎo rén xiū yi xiū.

【出难题】

chū nántí

提出使人为难、难办的事情。

give someone a difficult problem; ask someone to do something which is embarrassing or awkward, or difficult to finish

例

A:老公,咱们的房间有点儿旧了,再重新装修一下吧。

Lǎogōng, zánmen de fángjiān yǒu diǎnr jiù le, zài chóngxīn zhuāngxiū yíxià ba.

B:唉,你就别给我出难题了。

Ài, nǐ jiù bié gěi wǒ **chū nántí** le.

【出洋相】

chū yángxiàng

闹笑话;出丑;引人发笑。

make a fool of oneself; become a laughing stock

例

(1)他经常在同学面前出洋相。

Tā jīngcháng zài tóngxué miànqián **chū yángxiàng**.

(2)我得准备一下明天的发言,要不然又该出洋相了。

Wǒ děi zhǔnbèi yíxià míngtiān de fāyán, yàoburán yòu gāi **chū yángxiàng** le.

【打交道】

dǎ jiāodào

来往，联系。

come into contact with; make contact with; have dealings with

例

A：听说王化杰也在你们公司工作，你跟他熟吗？

Tīngshuō Wáng Huàjié yě zài nǐmen gōngsī gōngzuò, nǐ gēn tā shú ma?

B：我和他不在一个部门工作，平时打交道的机会不多。

Wǒ hé tā bú zài yí ge bùmén gōngzuò, píngshí **dǎ jiāodào** de jīhuì bù duō.

【打下手】

dǎ xiàshǒu

做助手；帮忙。

give a hand; help; work as a helper

例

A：我一个人忙不过来，你给我打个下手吧。

Wǒ yí ge rén máng bu guòlái, nǐ gěi wǒ **dǎ** ge **xià shǒu** ba.

B：没问题，需要我帮什么忙？

Méi wèntí, xūyào wǒ bāng shénme máng?

【打招呼】

dǎ zhāohu

1. 用语言或动作表示问候。

greet somebody; say hello

例 A:为什么中国人见面经常说"吃了吗"?

Wèi shénme Zhōngguórén jiànmiàn jīngcháng shuō "chī le ma"?

B:哦,那是跟你打招呼呢。

Ò, nàshì gēn nǐ **dǎ zhāohu** ne.

2. 事先提醒;告知。

give a previous notice; warn

例 A:这事儿只要跟老张打个招呼就行了。

Zhè shìr zhǐyào gēn lǎo Zhāng **dǎ** ge **zhāohu** jiù xíng le.

B:好的,我这就去找他。

Hǎo de, wǒ zhè jiù qù zhǎo tā.

【动脑筋】

dòng nǎojīn

想办法;思考。

consider; think hard; use one's head

例

A:这道题太难了,你帮我做吧。

Zhè dào tí tài nán le, nǐ bāng wǒ zuò ba.

B:你自己动脑筋,不要总问别人。

Nǐ zìjǐ **dòng nǎojīn**, búyào zǒng wèn biérén.

【发火】

fāhuǒ

发脾气;生气。

get angry

例

A:爸爸今天怎么老冲咱们发火?

Bàba jīntiān zěnme lǎo chòng zánmen **fāhuǒ**?

B:谁知道,可能是跟妈妈吵架了。

Shéi zhīdao, kěnéng shì gēn māma chǎojià le.

【犯不上】

fàn bu shàng

不值得。

not worth doing something

㊐ 犯得上吗 fàn de shàng ma

例

A:这孩子,作业又没完成,气死我了!

Zhè háizi, zuòyè yòu méi wánchéng, qì sǐ wǒ le!

B:孩子嘛,犯不上跟他生气,说说就完了。

Háizi ma, **fàn bu shàng** gēn tā shēngqì, shuōshuo jiù wán le.

【犯不着】

fàn bu zháo

不值得。

not worth doing something

㊐ 犯得着吗 fàn de zháo ma

例

A:我得去小李家一趟,通知他明天上午的会议取消了。

Wǒ děi qù Xiǎo Lǐ jiā yí tàng, tōngzhī tā míngtiān shàngwǔ de huìyì qǔxiāo le.

B:你犯不着为这点儿事跑一趟,给小李打个电话就行了。

Nǐ **fàn bu zháo** wèi zhè diǎnr shì pǎo yí tàng, gěi Xiǎo Lǐ dǎ ge diànhuà jiù xíng le.

【顾不上】

gù bu shàng

没有时间或者精力做某事。

not to attend to; not to take into consideration

例

A:有了孩子,你是不是比较忙?

Yǒu le háizi, nǐ shì bu shì bǐjiào máng?

B:简直是太忙了,有时连饭都**顾不上**吃。

Jiǎnzhí shì tài máng le, yǒushí lián fàn dōu **gù bu shàng** chī.

【恨不得】

hèn bu de

急切希望实现某事。

eager to achieve something; often used on those things which in reality cannot be achieved

㊐ 恨不能 hèn bu néng

例

(1)我**恨不得**今天就开始放假。

Wǒ **hèn bu de** jīntiān jiù kāishǐ fàngjià.

(2)听到了母亲生病的消息,他**恨不得**长出翅膀,立刻飞到母亲的身边。

Tīngdào le mǔqin shēngbìng de xiāoxi, tā **hèn bu de** zhǎng chū chìbǎng, lìkè fēi dào mǔqin de shēnbiān.

【叫苦】

jiàokǔ

诉说苦处。

complain of hardship or suffering

例

(1) 虽然训练很辛苦，但是没有一个队员**叫苦**。

Suīrán xùnliàn hěn xīnkǔ, dànshì méiyǒu yí ge duìyuán **jiàokǔ**.

(2) 别老是**叫苦**，怕苦怕累什么也干不成。

Bié lǎoshì **jiàokǔ**, pà kǔ pà lèi shénme yě gàn bu chéng.

【较真儿】

jiào zhēnr

1. 指争辩。

argue; wrangle

例

(1) 你别跟我**较真儿**了，赶快承认错误吧。

Nǐ bié gēn wǒ **jiào zhēnr** le, gǎnkuài chéngrèn cuòwù ba.

(2) 他这个人跟谁都喜欢**较真儿**。

Tā zhè ge rén gēn shéi dōu xǐhuan **jiào zhēnr**.

2. 形容某人说话做事十分认真;死板。

be finicky; be conscientious and meticulous; be inflexible

例

A:我想找李彬帮点儿忙。

Wǒ xiǎng zhǎo Lǐ Bīn bāng diǎnr máng.

B:别找他,他这个人对什么事情都特别较真儿。

Bié zhǎo tā, tā zhè ge rén duì shénme shìqing dōu tèbié **jiào zhēnr**.

【开小差儿】

kāi xiǎochāir

思想不集中。

be absent-minded

例

A:儿子最近表现得怎么样?

Érzi zuìjìn biǎoxiàn de zěnmeyàng?

B:听老师说他上课的时候爱开小差儿。

Tīng lǎoshī shuō tā shàngkè de shíhou ài **kāi xiǎochāir**.

【看得真】

kàn de zhēn

看得清楚。

see something clearly

例

A:你看,819 路的车牌就在马路对面。

Nǐ kàn, 819 lù de chē pái jiù zài mǎlù duìmiàn.

B:你的视力真好，这么小的字你也能看得真。

Nǐde shìlì zhēn hǎo, zhème xiǎo de zì nǐ yě néng **kàn de zhēn**.

【靠不住】

kào bu zhù

不可靠。

unreliable; undependable; untrustworthy

例

A:刘飞说他可以帮我买到这本书。

Liú Fēi shuō tā kěyǐ bāng wǒ mǎi dào zhè běn shū.

B:他这人靠不住,你别相信他。

Tā zhè rén **kào bu zhù**, nǐ bié xiāngxìn tā.

【来不及】

lái bu jí

时间不够。

there's not enough time (to do something); it's too late

㊎ 来得及 lái de jí

例

A:火车 8 点钟开,现在已经 7 点 20 了!

Huǒchē bā diǎnzhōng kāi, xiànzài yǐjing qī diǎn èrshí le!

B:咱们打出租车去吧,不然就来不及了。

Zánmen dǎ chūzūchē qù ba, bùrán jiù **lái bu jí** le.

【没关系】

méi guānxi

没有问题;不用顾虑。

It doesn't matter; it's nothing; never mind

例

A:我明天一定得去学校吗?

Wǒ míngtiān yídìng děi qù xuéxiào ma?

B:明天没什么大事,你去不去都没关系。

Míngtiān méi shénme dàshì, nǐ qù bu qù dōu **méi guānxi**.

【没事儿】

méi shìr

1. 没有事情做;有时间。

have nothing to do; be free

例 (1)今天我**没事儿**，可以好好儿休息休息了。
Jīntiān wǒ **méi shìr**, kěyǐ hǎohāor xiūxi xiūxi le.
(2)**没事儿**到我家来玩儿。
Méi shìr dào wǒjiā lái wánr.

2. 无关紧要；也用来表示原谅别人。
it doesn't matter; never mind

例 A：你现在感觉怎么样？
Nǐ xiànzài gǎnjué zěnme yàng?
B：**没事儿**了，你放心吧。
Méi shìr le, nǐ fàngxīn ba.

【拿主意】

ná zhǔyi

作出处理事情的方法或对策。
make a decision; make up one's mind

例 A：今天中午你想去哪儿吃饭？
Jīntiān zhōngwǔ nǐ xiǎng qù nǎr chīfàn?
B：我对这里不熟，你来**拿主意**吧。
Wǒ duì zhèlǐ bù shú, nǐ lái **ná zhǔyi** ba.

【难得一见】

nándé yí jiàn

很难看见。

hard to see; rare

例

(1)咱们平日**难得一见**，今天一定要好好儿聊聊。
Zánmen píngrì **nándé yí jiàn**, jīntiān yídìng yào hǎohāor liáoliao.

(2)这么精彩的演唱会真是**难得一见**！
Zhème jīngcǎi de yǎnchànghuì zhēnshì **nándé yí jiàn**!

【闹别扭】

nào bièniu

彼此有意见而不合。

be difficult with somebody; be at odds with somebody

例

A:这几天小郭和小王怎么了?
Zhè jǐ tiān Xiǎo Guō hé Xiǎo Wáng zěnme le?

B:正在**闹别扭**,已经好几天不说话了。
Zhèngzài **nào bièniu**, yǐjing hǎo jǐ tiān bù shuōhuà le.

【配不上】

pèi bu shàng

不相配,常用于男女双方。

be not somebody's match; be not somebody's dream mate

例

A:我现在是个科长了,你以后说话也注意点儿。

Wǒ xiànzài shì ge kēzhǎng le, nǐ yǐhòu shuōhuà yě zhùyì diǎnr.

B:我配不上你,咱们分手好了。

Wǒ **pèi bu shàng** nǐ, zánmen fēn shǒu hǎo le.

【伤脑筋】

shāng nǎojīn

形容事情难办,费心思。

Something is difficult to do and one has to expend much mental energy.

例

A:您该当姥姥了吧?

Nín gāi dāng lǎolao le ba?

B:还说呢,我女儿都快 40 了,也不找对象结婚,真让我伤脑筋。

Hái shuō ne, wǒ nǚér dōu kuài sìshí le, yě bù zhǎo duìxiàng jiéhūn, zhēn ràng wǒ **shāng nǎojīn.**

【少不了】

shǎo bu liǎo

不能缺少；一定会。

cannot do without; cannot dispense with

㊎ 少得了 shǎo de liǎo

例

A：您这是干什么去呀？

Nín zhè shì gàn shénme qù ya?

B：儿子从国外回来了，晚上少不了要来几个朋友，我去买点儿东西准备准备。

Érzi cóng guówài huílái le, wǎnshang **shǎo bu liǎo** yào lái jǐ ge péngyou, wǒ qù mǎi diǎnr dōngxi zhǔnbèi zhǔnbèi.

【舍不得】

shě bu de

1. 不忍分离。

hate to part with; be reluctant to

例

A：机票买好了吗？什么时候动身去美国？

Jīpiào mǎi hǎo le ma? Shénme shíhou dòng shēn qù Měiguó?

B：要离开家了，心里还真有点儿舍不得。

Yào líkāi jiā le, xīnlǐ hái zhēn yǒu diǎnr **shě bu de**.

2. 因爱惜而不忍抛弃或使用。

hate to give up or use

㊎ 舍得 shěde

例

A：别修了，这个收音机都用了十几年了，扔了算了。

Bié xiū le, zhè ge shōuyīnjī dōu yòng le shíjǐ nián le, rēng le suàn le.

B：不行，把它扔了我可舍不得。

Bù xíng, bǎ tā rēng le wǒ kě **shě bu de**.

【受不了】

shòu bu liǎo

不能忍受。

cannot bear; be unable to endure

㊎ 受得了 shòu de liǎo

例

A：今天怎么这么热，我真受不了。

Jīntiān zěnme zhème rè, wǒ zhēn **shòu bu liǎo**.

B：来，多吃点儿西瓜吧。

Lái, duō chī diǎnr xīguā ba.

【说不来】

shuō bu lái

1. 双方思想感情不合，说不到一起，没有共同的语言。

cannot get along (with somebody)

例 A：你怎么跟小王吹了？
Nǐ zěnme gēn Xiǎo Wáng chuī le?
B：我跟他怎么也**说不来**，干脆就分手了。
Wǒ gēn tā zěnme yě **shuō bu lái**, gāncuì jiù fēnshǒu le.

2. 不能肯定。

cannot say something for sure; feel uncertain about something

㊐ 说不上来 shuō bu shànglái

例 A：这种新型的摩托车性能怎么样？
Zhèzhǒng xīnxíng de mótuōchē xìngnéng zěnmeyàng?
B：我没有用过，也**说不来**好还是坏。
Wǒ méiyǒu yòng guo, yě **shuō bu lái** hǎo háishì huài.

【说闲话】

shuō xián huà

说不满意的话；说别人不好的话。

complaint; gossip; say something bad about the person

例

(1)你别总在别人背后**说闲话**。

Nǐ bié zǒng zài biérén bèihòu **shuō xián huà**.

(2)他从这里搬走是因为邻居们总是**说**他的**闲话**。

Tā cóng zhèlǐ bānzǒu shì yīnwèi línjū men zǒngshì **shuō** tā de **xián huà**.

【算不上】

suàn bu shàng

不能被认为。

cannot be included; cannot be counted in

例

A:你觉得他的作品怎么样?

Nǐ juéde tā de zuòpǐn zěnmeyàng?

B:他的作品**算不上**最好,但也不错。

Tā de zuòpǐn **suàn bu shàng** zuì hǎo, dàn yě búcuò.

【算了】

suàn le

不再计较。

let it be; let it pass

例 A:那次真是太抱歉了。
Nà cì zhēn shì tài bàoqiàn le.
B:以前的事就算了,别再提了,我们还是好朋友。
Yǐqián de shì jiù **suàn le**, bié zài tí le, wǒmen háishì hǎo péngyou.

【随大溜】

suí dà liù

跟着多数人说话或者做事。

follow the general trend; go with the flow

例 A:您希望暑假去哪儿旅行?
Nín xīwàng shǔjià qù nǎr lǚxíng?
B:我是新来的,不了解情况,就随大溜吧。
Wǒ shì xīn lái de, bù liǎojiě qíngkuàng, jiù **suí dà liù** ba.

【捅娄子】

tǒng lóuzi

惹麻烦;惹祸。

make a mess of something; get into trouble

例 A:这么重要的事能交给张峰办吗?
Zhème zhòngyào de shì néng jiāo gěi Zhāng Fēng bàn ma?
B:张峰办事你就放心吧,绝对不会捅娄子。
Zhāng Fēng bànshì nǐ jiù fàngxīn ba, juéduì bú huì **tǒng lóuzi**.

【行不通】

xíng bu tōng

不被人接受,实行不下去。

unacceptable; won't work

㊫ 行得通 xíng de tōng

例 A:我想辞了职去一个山清水秀的地方画画儿。
Wǒ xiǎng cí le zhí qù yí ge shānqīng－shuǐxiù de dìfang huà huàr.
B:想法不错,但是实际上行不通。
Xiǎngfǎ búcuò, dànshì shíjì shang **xíng bu tōng**.

【用不着】

yòng bu zháo

1. 表示没有用场、用途。

have no use for; be useless

例
(1)现在大家都用电脑打字,这种老式打字机已经用不着了。
Xiànzài dàjiā dōu yòng diànnǎo dǎzì, zhè zhǒng lǎoshì dǎzìjī yǐjing **yòng bu zháo** le.
(2)咱们儿子长大了,这些衣服都用不着了,送给别人吧。
Zánmen érzi zhǎng dà le, zhèxiē yīfu dōu **yòng bu zháo** le, sòng gěi biérén ba.

2. 表示没有必要;不必。

there is no need to; it is not worthwhile to

㊎ 用得着 yòng de zháo

例
A:你都35岁了,还不结婚,真让人着急。
Nǐ dōu sānshíwǔ suì le, hái bù jiéhūn, zhēn ràng rén zháojí.
B:我的事情用不着你操心。
Wǒ de shìqing **yòng bu zháo** nǐ cāoxīn.

【有把握】

yǒu bǎwò

有极充分的条件保证事情成功。

be very confident to guarantee success

例
A:小吴,这件事你有把握吗?
Xiǎo Wú, zhè jiàn shì nǐ **yǒu bǎwò** ma?
B:您放心吧,我一定能把这件事办好。
Nín fàngxīn ba, wǒ yídìng néng bǎ zhè jiàn shì bàn hǎo.

【有功夫】

yǒu gōngfu

1. 在某方面有本领。

have a certain skill

例 A:这个京剧演员表演得好极了。

Zhè ge jīngjù yǎnyuán biǎoyǎn de hǎo jí le.

B:没错儿,他特**有功夫**。

Méi cuòr, tā tè **yǒu gōngfu**.

2. 有时间,同"有工夫"。

have time

例 (1)明天**有功夫**再来玩儿吧。

Míngtiān **yǒu gōngfu** zài lái wánr ba.

(2)她一**有功夫**就看电视。

Tā yì **yǒu gōngfu** jiù kàn diànshì.

【宰人】

zǎi rén

指生意人故意多要顾客的钱。

overcharge; rip off

例

A：我在这家商店买了件衣服，两百块。

Wǒ zài zhè jiā shāngdiàn mǎi le jiàn yīfu, liǎngbǎi kuài.

B：别在这儿买东西，这家商店特宰人，同样的东西比其他地方贵得多。

Bié zài zhèr mǎi dōngxi, zhè jiā shāngdiàn tè **zǎi rén**, tóngyàng de dōngxi bǐ qítā dìfang guì de duō.

【占上风】

zhàn shàngfēng

比喻作战或比赛一方处于压倒对方的有利形势。

get the upper hand in fighting or competition

例

(1) 比赛一开始，中国队就占了上风。

Bǐsài yì kāishǐ, Zhōngguó duì jiù **zhàn** le **shàngfēng**.

(2) 你们俩要是比赛摔跤，你肯定能占上风。

Nǐmen liǎ yàoshi bǐsài shuāijiāo, nǐ kěndìng néng **zhàn shàngfēng**.

【走红】

zǒu hóng

受众人喜爱或欢迎。

become popular or welcomed by public

例 A：这个戴墨镜的年轻人是谁呀？怎么那么多人让他签名？

Zhè ge dài mòjìng de niánqīng rén shì shéi ya? Zěnme nàme duō rén ràng tā qiānmíng?

B：你不认识他？他可是当前最走红的歌星。

Nǐ bú rènshi tā? Tā kě shì dāngqián zuì **zǒu hóng** de gēxīng.

【走后门儿】

zǒu hòuménr

比喻用不正当的手段，如送礼、行贿等，达到某种目的。

accomplish one's purpose in an improper way; use the backdoor

例 A：你给王局长送点儿礼，也许就能把这件事情解决了。

Nǐ gěi Wáng júzhǎng sòng diǎnr lǐ, yěxǔ jiù néng bǎ zhè jiàn shìqing jiějué le.

B：还是不要走后门儿，应该靠自己的力量。

Háishì bú yào **zǒu hòuménr**, yīnggāi kào zìjǐ de lìliang.

形容词性惯用语
Adjectival Phrases

【不得了】

bù déliǎo

1. 表示情况很严重。

very serious; disastrous

例 A：我今天没去上课，这事如果让我妈妈知道了那可不得了。

Wǒ jīntiān méi qù shàng kè, zhè shì rúguǒ ràng wǒ māma zhīdao le nà kě **bù déliǎo**.

B：没事儿，我一定会为你保密的。

Méi shìr, wǒ yídìng huì wèi nǐ bǎomì de.

2. 表示称赞。

showing one's appreciation

㊂了不得 liǎo bu de

例 黄飞可真不得了，16岁就考上了北京大学。

Huáng Fēi kě zhēn **bù dé liǎo**, shíliù suì jiù kǎo shang le Běijīng Dàxué.

【不多见】

bù duō jiàn

很少看见。

rarely seen

㊀ 少见 shǎo jiàn

例

(1) 现在像你这种热心人可真不多见。

Xiànzài xiàng nǐ zhèzhǒng rèxīn rén kě zhēn **bù duō jiàn**.

(2) 面条和馒头是中国北方的食品，在南方并不多见。

Miàntiáo hé mántou shì Zhōngguó běifāng de shípǐn, zài nánfāng bìng **bù duō jiàn**.

【不简单】

bù jiǎndān

(经历、能力等)不平凡。

remarkable; out of ordinary

例

A: 你知道吗?杜梅这次英语考试得了 95 分。

Nǐ zhīdao ma? Dù Méi zhè cì yīngyǔ kǎoshì dé le jiǔshíwǔ fēn.

B: 这次考试的题目很难，她能考这么好真不简单。

Zhè cì kǎoshì de tímù hěn nán, tā néng kǎo zhème hǎo zhēn **bù jiǎndān**.

【不怎么样】

bù zěnmeyàng

不太好，平平常常，没有出色之处。表示人或事物不好或不太好，不能让人满意。

not very good; so-so; very indifferent

例

(1) 小王这人不怎么样，你以后别理他。

Xiǎo Wáng zhè rén **bù zěnmeyàng**, nǐ yǐhòu bié lǐ tā.

(2) 这家商场虽然很大，但是服务态度不怎么样。

Zhè jiā shāngchǎng suīrán hěn dà, dànshì fúwù tàidu **bù zěnmeyàng**.

【多的是】

duō de shì

很多。

a lot of; a plenty of

例

A：你是北京人，给我们介绍一下北京有哪些好玩的地方吧。

Nǐ shì Běijīng rén, gěi wǒmen jièshào yíxià Běijīng yǒu nǎ xiē hǎowán de dìfang ba.

B：北京好玩的地方多的是，看你喜欢什么啦。

Běijīng hǎowán de dìfang **duō de shì**, kàn nǐ xǐhuan shénme la.

【干巴巴】

gān bābā

枯燥单调。

dull and dry; insipid

例

A:你觉得这篇文章写得怎么样?

Nǐ juéde zhè piān wénzhāng xiě de zěnmeyàng?

B:这篇文章写得干巴巴的,很无聊。

Zhè piān wénzhāng xiě de **gān bābā** de, hěn wúliáo.

【呱呱叫】

guāguājiào

形容非常好。

tiptop; extremely good

例

A:郑斌这么聪明,他的学习成绩一定很好吧。

Zhèng Bīn zhème cōngming, tā de xuéxí chéngjì yídìng hěn hǎo ba.

B:他的学习成绩呱呱叫,每门功课都在 90 分以上。

Tā de xuéxí chéngjì **guāguājiào**, měi mén gōngkè dōu zài jiǔshí fēn yǐshàng.

【还可以】

hái kěyǐ

不好也不坏。

not bad; passable

例 A:你觉得你的新工作怎么样?

Nǐ juéde nǐ de xīn gōngzuò zěnmeyàng?

B:还可以吧。

Hái kěyǐ ba.

【看得过去】

kàn de guòqù

还可以;不错。

not bad; passable

例 A:你帮我挑一件毛衣吧。

Nǐ bāng wǒ tiāo yíjiàn máoyī ba.

B:这件毛衣的颜色还看得过去,你就买这件吧。

Zhè jiàn máoyī de yánsè hái **kàn de guòqù**, nǐ jiù mǎi zhè jiàn ba.

【叫座儿】

jiào zuòr

（指戏剧、电影、演出等）受欢迎，观众多。

(of a play, a movie, a show) very popular; a box-office success; draw a large audience

例

A：听说这部话剧一连演了30几场，特别叫座儿。

Tīngshuō zhè bù huàjù yìlián yǎn le sánshí jǐ chǎng, tèbié **jiào zuòr**.

B：咱们也去看看吧。

Zánmen yě qù kànkan ba.

【来劲儿】

lái jìnr

有劲头儿。

full of enthusiasm; in high spirits

㊐ 带劲儿 dàijìnr

例

A：我看你别走了，这雨越下越来劲儿了。

Wǒ kàn nǐ bié zǒu le, zhè yǔ yuè xià yuè **láijìnr** le.

B：不行，我明天一早就有课。

Bù xíng, wǒ míngtiān yì zǎo jiù yǒu kè.

【了不起】

liǎo bu qǐ

不平凡。

amazing; terrific; extraordinary

例 A:陈明每次考试都是全校第一名。
Chén Míng měi cì kǎoshì dōu shì quán xiào dì yī míng.
B:他真了不起。
Tā zhēn **liǎo bu qǐ**.

【没的说】

méi de shuō

很好;没问题。

very good; excellent

㊐ 没说的 méi shuō de

例 A:你和老王以前就认识吗?
Nǐ hé Lǎo Wáng yǐqián jiù rènshi ma?
B:我们俩是多年的朋友了,关系没的说。
Wǒmen liǎ shì duō nián de péngyou le, guānxi **méi de shuō**.

【没意思】

méi yìsi

没有趣味。

dull; uninteresting

㊐ 没劲 méi jìn

例 A：明天咱们一起去长城吧？
Míngtiān zánmen yìqǐ qù Chángchéng ba?
B：没意思，我不想去了。
Méi yìsi, wǒ bù xiǎng qù le.

【说得过去】

shuō de guòqù

还可以；比较满意。

not bad; passable

例 A：你觉得这间房子怎么样？
Nǐ juéde zhè jiān fángzi zěnmeyàng?
B：还说得过去。
Hái **shuō de guòqù**.

【有的是】

yǒu de shì

非常多。

have a plenty of; there's no lack of

例 A：这菜做得真好吃！
Zhè cài zuò de zhēn hǎochī!
B：你慢点儿吃，别着急，还有的是呢。
Nǐ màn diǎnr chī, bié zháojí, hái **yǒu de shì** ne.

副词性惯用语
Adverbial Phrases

【不怎么】
bù zěnme

很少；不太。

insufficiently; inadequately

例
(1) 这家饭馆的饭菜**不怎么**好吃。
Zhè jiā fànguǎn de fàncài **bù zěnme** hǎochī.
(2) 我觉得这本书**不怎么**好看，你还是别买了。
Wǒ juéde zhè běn shū **bù zěnme** hǎokàn, nǐ háishì bié mǎi le.

【差不多】
chà bu duō

1. 相差不多；几乎。
almost; nearly

例 A：你觉得那家小饭馆儿怎么样？
Nǐ juéde nà jiā xiǎo fànguǎnr zěnmeyàng?
B：不错，我差不多每天都在那里吃早饭。
Búcuò, wǒ **chà bu duō** měitiān dōu zài nàlǐ chī zǎofàn.

2. 过得去。
just about right; not bad; not far off

例 A：你觉得那套沙发怎么样？
Nǐ juéde nà tào shāfā zěnmeyàng?
B：差不多吧。
Chà bu duō ba.

【差点儿】

chà diǎnr

1. 如果是说话人不希望实现的事情，是指事情接近实现但是没有实现，有庆幸的意思。
It indicates that something the speaker didn't wish to happen almost happened, but in the end it didn't. The speaker has a feeling of relief.

例

(1) 我刚才骑车来学校时，差点儿和别人撞车。（几乎撞车，但没有撞车）

Wǒ gāngcái qí chē lái xuéxiào shí, **chà diǎnr** hé biérén zhuàng chē.

(2) 听到这个不幸的消息，吴梅君差点儿晕了过去。（几乎晕倒，但没有晕倒）

Tīng dào zhè ge bú xìng de xiāoxi, Wú Méijūn **chà diǎnr** yūn le guòqu.

2. 如果是说话人希望实现的事情，最后没有实现，有惋惜的意思。

It indicates that something the speaker wished to happen almost happened, but at last it didn't. The speaker has a feeling of regret.

例

(1) 真可惜，我差点儿就赶上那班船了。（实际上没有赶上船）

Zhēn kěxī, wǒ **chà diǎnr** jiù gǎn shàng nà bān chuán le.

(2) 我这次差点儿就通过了 HSK 八级。（实际上没有通过）

Wǒ zhè cì **chà diǎnr** jiù tōngguò le HSK bā jí.

【差点儿没】

chà diǎnr méi

1. 如果是说话人不希望实现的事情，是指事情接近实现而没有实现，有庆幸的意思。

It indicates that something the speaker didn't wish to happen almost happened, but in the end it didn't. The speaker has a feeling of relief.

例

(1) 路上特别滑，我刚才差点儿没摔倒。(几乎摔倒，但没有摔倒)

Lù shang tèbié huá, wǒ gāngcái **chà diǎnr méi** shuāi dǎo.

(2) 今天早晨我起晚了，上课差点儿没迟到。(几乎迟到，但没有迟到)

Jīntiān zǎochen wǒ qǐ wǎn le, shàngkè **chà diǎnr méi** chídào.

2. 如果是说话人希望实现的事情，有庆幸它终于实现的意思。

It shows that something wished to happen seemed impossible but finally did happen. It indicates the speaker is happy.

例

(1) 我差点儿没赶上火车。(最终还是赶上了火车)

Wǒ **chà diǎnr méi** gǎn shang huǒchē.

(2) 今天早晨我起晚了，差点儿没错过了这次重要的会议。(最终没有错过会议)

Jīntiān zǎochen wǒ qǐ wǎn le, **chà diǎnr méi** cuò guo le zhè cì zhòngyào de huìyì.

【好容易】

hǎo róngyi

意思是很不容易。

with great difficulty; have a hard time doing something

同 好不容易 hǎo bu róngyi

例

(1) 我好容易才买到这本书，没看几天就丢了。

Wǒ **hǎo róngyi** cái mǎi dào zhè běn shū, méi kàn jǐ tiān jiù diū le.

(2) 今天等公共汽车的人特别多，我好容易才挤上去。

Jīntiān děng gōnggòng qìchē de rén tèbié duō, wǒ **hǎo róngyi** cái jǐ shàng qu.

【基本上】

jīběn shang

大体上。

basically; on the whole

例

A：你们忙了这么长时间，那本书写完了吗？

Nǐmen máng le zhème cháng shíjiān, nà běn shū xiě wán le ma?

B：基本上完成了，只需要再校对一遍。

Jīběn shang wánchéng le, zhǐ xūyào zài jiàoduì yí biàn.

【压根儿】

yàgēnr

根本;完全。

simply; at all

例

A:马威涛说的是真的吗?

Mǎ Wēitāo shuō de shì zhēn de ma?

B:我压根儿就不相信他的话。

Wǒ **yà gēnr** jiù bù xiāngxìn tā de huà.

【一个劲儿】

yí ge jìnr

不停止;不间断;一直。

continuously; persistently

例

(1)他一个劲儿地喝酒,一句话也不说。

Tā **yí ge jìnr** de hējiǔ, yí jù huà yě bù shuō.

(2)联欢会上,大家都在唱歌、跳舞,只有她们俩在一个劲儿地聊天儿。

Liánhuānhuì shang, dàjiā dōu zài chànggē、tiàowǔ, zhǐyǒu tāmen liǎ zài **yí ge jìnr** de liáotiānr.

表示时间的惯用语
Time Phrases

【过几天】
guò jǐ tiān

几天以后。
several days later; in a few days

例
A：再**过几天**学校就要放假了，你准备去哪儿玩儿呀？
Zài **guò jǐ tiān** xuéxiào jiù yào fàngjià le, nǐ zhǔnbèi qù nǎr wánr ya?
B：我已经一年没回家了，这次暑假我想回家看看。
Wǒ yǐjing yì nián méi huíjiā le, zhè cì shǔjià wǒ xiǎng huíjiā kànkan.

【回头】
huítóu

以后。

later

同 赶明儿 gǎn míngr / 改日 gǎirì / 改天 gǎitiān

例 A:小强,你帮我把这两扇窗户擦擦。
Xiǎo Qiáng, nǐ bāng wǒ bǎ zhè liǎng shàn chuānghù cāca.
B:我现在正忙着,回头再说吧。
Wǒ xiànzài zhèng máng zhe, **huítóu** zài shuō ba.

【老半天】

lǎo bàntiān

很长时间。

a long time

例 (1)你说了老半天,我还是没明白你说的是什么意思。
Nǐ shuō le **lǎo bàntiān**, wǒ háishì méi míngbai nǐ shuō de shì shénme yìsi.
(2)我已经等了老半天了,还没过来一辆车。
Wǒ yǐjing děng le **lǎo bàntiān** le, hái méi guòlai yí liàng chē.

【立马儿】

lìmǎr

马上。

immediately; at once; promptly

例

A:陈师傅,车间里的一台机器坏了,你帮忙修修吧。

Chén shīfu, chējiān lǐ de yì tái jīqì huài le, nǐ bāngmáng xiūxiu ba.

B:好,我立马儿就去。

Hǎo, wǒ **lìmǎr** jiù qù.

【前几天】

qián jǐ tiān

从现在开始往前的几天。

the other day; a few days ago

㊐ 前两天 qián liǎng tiān/ 前些天 qián xiē tiān

例

A:这段时间你去哪儿了?我一直找不到你。

Zhè duàn shíjiān nǐ qù nǎr le? Wǒ yìzhí zhǎo bu dào nǐ.

B:我去上海开会了,前几天才回来。

Wǒ qù Shànghǎi kāihuì le, **qián jǐ tiān** cái huílai.

【三天两头儿】

sān tiān liǎng tóur

经常。

frequently; often

例

A：小张这次考试怎么样？

Xiǎo Zhāng zhè cì kǎoshì zěnmeyàng?

B：他三天两头儿不上课，肯定不及格。

Tā **sān tiān liǎng tóur** bú shàngkè, kěndìng bù jígé.

【时不时】

shí bù shí

经常。

frequently; often

例

A：你跟刘老师还有联系吗？

Nǐ gēn Liú lǎoshī hái yǒu liánxì ma?

B：我时不时去看看老刘，跟他说说学校的情况。

Wǒ **shí bù shí** qù kànkan Lǎo Liú, gēn tā shuōshuo xuéxiào de qíngkuàng.

【一年半载】

yì nián bàn zǎi

指较长时间内。

a year or so; in about a year

例

A:您知道王蒙什么时候能回来吗?

Nín zhīdào Wáng Méng shénme shíhou néng huílai ma?

B:他去外地打工了,一年半载是回不来的。

Tā qù wài dì dǎgōng le, **yì nián bàn zǎi** shì huí bu lái de.

【一天到晚】

yì tiān dào wǎn

整天;天天。

from morning till night; all day long

例

A:你一天到晚都在忙些什么呀?

Nǐ **yì tiān dào wǎn** dōu zài máng xiē shénme ya?

B:马上就要期末考试,我正在忙着复习功课呢。

Mǎshàng jiù yào qīmò kǎoshì, wǒ zhèngzài máng zhe fùxí gōngkè ne.

【一转眼】

yì zhuǎn yǎn

比喻时间极短,过得极快。

in a twinkling of an eye; it indicates that the time goes by very quickly.

例

A：时间过得真快啊，现在我女儿都快结婚了。

Shíjiān guò de zhēn kuài a, xiànzài wǒ nǚér dōu kuài jiéhūn le.

B：是啊，一转眼 20 年过去了。

Shì a, **yì zhuǎn yǎn** èrshí nián guò qu le.

插 入 语

Parenthesis

【看来】

kànlái

对未来情况的估计；根据外表样子判断。

it seems; it appears; it looks as if

例

A：雨下得这么大，看来他今天不来了。

Yǔ xià de zhème dà, **kànlái** tā jīntiān bù lái le.

B：那咱们就先走吧。

Nà zánme jiù xiān zǒu ba.

【看起来】

kàn qǐlai

根据情况，对事物进行推测，经常表示表面情况和事实相反。

it seems; it looks as if

例

(1)她**看起来**很年轻，其实已经是两个孩子的妈妈了。

Tā **kàn qǐlai** hěn niánqīng, qíshí yǐjing shì liǎng ge háizi de māma le.

(2)**看起来**太阳离我们很近，实际上远得很。

Kàn qǐlai tàiyáng lí wǒmen hěn jìn, shíjì shang yuǎn de hěn.

【看样子】

kàn yàngzi

根据情况，对事物进行推测。

it seems; it looks as if

例

A:天阴得这么厉害，**看样子**今天要下雨。

Tiān yīn de zhème lìhai, **kàn yàngzi** jīntiān yào xiàyǔ.

B:可是天气预报说今天是晴天。

Kěshì tiānqì yùbào shuō jīntiān shì qíngtiān.

【说来话长】

shuō lái huà cháng

有很多话要说。

It's a long story.

例 A：听说你当了老师，怎么现在又做生意了？
Tīngshuō nǐ dāng le lǎoshī, zěnme xiànzài yòu zuò shēngyi le?
B：说来话长，有空我再慢慢跟你说。
Shuō lái huà cháng, yǒu kòng wǒ zài mànmān gēn nǐ shuō.

【说实在的】

shuō shízài de

表示后面是说话人的真心话。

frankly speaking

㊐ 说实话 shuō shíhuà/ 说心里话 shuō xīnli huà/ 说真的 shuō zhēn de

例 A：我们都以为你昨天不会去开会呢。
Wǒmen dōu yǐwéi nǐ zuótiān bú huì qù kāihuì ne.
B：说实在的，我昨天真不想去。
Shuō shízài de, wǒ zuótiān zhēn bù xiǎng qù.

【听说】

tīngshuō

听人说。

hearsay; hear of

例

A：我**听说**你明天就要出国了，我来送送你。

Wǒ **tīngshuō** nǐ míngtiān jiù yào chūguó le, wǒ lái sòngsong nǐ.

B：你弄错了。明天不是我出国，是我女儿要出国。

Nǐ nòng cuò le. Míngtiān bú shì wǒ chūguó, shì wǒ nǚér yào chūguó.

【我的意见嘛】

wǒ de yìjian ma

我觉得；我认为。

in my opinion

例

A：你看，这件红的好看还是绿的好看？

Nǐ kàn, zhè jiàn hóng de hǎokàn háishì lǜ de hǎokàn?

B：**我的意见嘛**，都不太好。

Wǒ de yìjian ma, dōu bú tài hǎo.

【我看】

wǒ kàn

我觉得;我认为。

in my opinion

例 A:明天又要开会,我不想去了,你帮我请个假吧。

Míngtiān yòu yào kāihuì, wǒ bù xiǎng qù le, nǐ bāng wǒ qǐng ge jià ba.

B:听说这次会议特别重要,**我看**,你明天还是去吧。

Tīngshuō zhè cì huìyì tèbié zhòngyào, **wǒ kàn**, nǐ míngtiān háishì qù ba.

【相比之下】

xiāng bǐ zhī xià

与……相比。

in comparison with

例 A:明天考听力,你应该没什么问题吧?

Míngtiān kǎo tīnglì, nǐ yīnggāi méi shénme wèntí ba?

B:别说了,我最头疼的就是听力。**相比之下**,口语和阅读还有点儿把握。

Bié shuō le, wǒ zuì tóuténg de jiù shì tīnglì. **Xiāng bǐ zhī xià**, kǒuyǔ hé yuèdú hái yǒudiǎnr bǎwò.

模拟训练 Drills

第一部分

1. A. 你怎么和她说也没用
   B. 你怎么跟她说都对
   C. 你怎么跟她说都错
   D. 你怎么跟她说都可以

2. A. 你帮了我的大忙
   B. 你帮忙跟没帮忙一样
   C. 你越帮忙,事情越乱
   D. 你能帮忙就好

3. A. 明天去看望李老师
   B. 后天去看望李老师
   C. 下个礼拜去看望李老师
   D. 一有时间就去看望李老师

4. A. 对方上火了
   B. 对方生气了
   C. 对方很高兴
   D. 对方家着火了

5. A. 这孩子真让人生气
   B. 一定要好好教训这个孩子

C. 你生气也没用
D. 你不值得生气

6. A. 表扬的话
B. 求情的话
C. 内容好的话
D. 词语优美的话

7. A. 完成销售额很容易
B. 完成销售额很难
C. 销售额没完成
D. 销售额很快就完成了

8. A. 说话人叫对方回头
B. 说话人让对方照他说的做,以后再解释
C. 说话人回过头去让对方照他说的做
D. 说话人让对方回头,然后跟他解释

9. A. 很好,能看清演员的表情
B. 很不好,看不清演员的表情
C. 很一般,不远也不近
D. 不知道

10. A. 爸爸不一定会打儿子
B. 爸爸不会打儿子的
C. 爸爸不能打儿子
D. 爸爸肯定会打儿子

11. A. 他经常回乡下
    B. 他偶尔回乡下
    C. 他只回过乡下一趟
    D. 他很长时间没回过乡下了

第二部分

12. A. 这篇文章非常复杂,不容易看懂
    B. 这篇文章写得很好
    C. 这篇文章没什么意思
    D. 不知道这篇文章好不好

13. A. 很好看
    B. 不好看
    C. 很有意思
    D. 样子很难看

14. A. 正好三年没见面了
    B. 大约三年没见面
    C. 还没到三年,又见面了
    D. 三年才能见一次面

15. A. 没赶上班车
    B. 赶上了班车
    C. 班车没有开
    D. 他没说是不是赶上了班车

16. A. 女的出的题太难了,他做不出来
    B. 不愿意帮女的的忙
    C. 他没有能力帮女的的忙
    D. 女的不应该出这么难的题目

17. A. 让女的问候老王
    B. 让女的把这件事告诉老王
    C. 让女的给老王打传呼
    D. 让女的没事别找老王

18. A. 张丰现在还买不起车
    B. 张丰现在很胖
    C. 张丰现在很有钱
    D. 张丰现在很瘦

19. A. 黄刚的叫声很难听
    B. 黄刚的数学很不好
    C. 黄刚的数学很好
    D. 黄刚不喜欢数学

20. A. 不爱吃东西
    B. 不想吃东西
    C. 担心要迟到了
    D. 考试及格了

21. A. 买牡丹牌的电视机
    B. 买熊猫牌的电视机

C. 让男的决定买什么
D. 两种牌子的电视机都不买

22. A. 犹豫
B. 不确定
C. 肯定
D. 不知道

23. A. 很贵
B. 很便宜
C. 很好
D. 很多

答案与文本
Answers & Tapescripts

第一部分

1. 她真是个死心眼儿,你怎么跟她说也白搭!
 问:这句话是什么意思?
 答案是 A。

2. 你不懂,就别在这儿帮倒忙。
 问:这句话是什么意思?
 答案是 C。

3. 明天不行就后天,后天不行就下个礼拜。我再忙也一定抽空儿去看看李老师。
 问:说话人表达的是什么意思?
 答案是 D。

4. 别发火呀,我们可以接着商量嘛!
 问:从这句话我们知道什么?
 答案是 B。

5. 小孩子淘气,你犯不上跟他生气!
 问:说话人是什么意思?
 答案是 D。

6. 今天上班迟到了，跟经理说了很多好话，他才没有罚我的奖金。
问:这里的“好话”是什么意思？
答案是B。

7. 今年市场不景气，我们公司好容易才完成了销售额。
问:说话人是什么意思？
答案是B。

8. 你就照我说的这么做，回头再跟你解释！
问:这句话是什么意思？
答案是B。

9. 这个座位不错，连演员的表情都能看得真！
问:说话人觉得这个座位怎么样？
答案是A。

10. 你的数学只考了50分，你爸回来了，少不了要揍你一顿。
问:这句话是什么意思？
答案是D。

11. 这几年母亲的身体一直不好，所以我时不时回乡下一趟，去看看她。
问:说话人是什么意思？
答案是A。

第二部分

12. 女:老张的儿子 17 岁就能写出这样的文章,真是不简单!

男:那孩子从小就聪明。

问:女说话人是什么意思?

答案是 B。

13. 男:昨天你们去看电影,感觉怎么样?

女:不怎么样。

问:女说话人觉得电影怎样?

答案是 B。

14. 女:咱们多长时间没见面了?

男:差不多三年了。

问:男说话人是什么意思?

答案是 B。

15. 女:今天早晨你赶上班车了吗?

男:真悬,差点儿没赶上。

问:男的赶上班车了吗?

答案是 B。

16. 女:帮我把儿子调到你们公司吧!

男:你这不是给我出难题吗!

问:男说话人是什么意思?

答案是 C。

17. 女:我下星期想借公司的笔记本电脑用一用。
男:这件事归老王管,你最好提前跟他打个招呼。
问:男说话人是什么意思?
答案是 B。

18. 女:昨天我在街上看见张丰开着一辆豪华奔驰。
男:他现在是大款了,什么车买不起?
问:张丰现在怎么样了?
答案是 C。

19. 女:黄刚的数学怎么样?
男:在我们班呱呱叫。
问:男说话人是什么意思?
答案是 C。

20. 男:别急,吃点东西再走吧!
女:不吃了,路上老堵车,再晚就来不及了。
问:女说话人是什么意思?
答案是 C。

21. 男:咱们是买牡丹牌的电视机还是买熊猫牌的?
女:还是你拿主意吧!
问:女说话人是什么意思?
答案是 C。

22. 男:今年的校运动会哪天开始呀?
女:听说是这个月 29 号。

问:女说话人的口气是怎么样的?

答案是 B。

23. 男:这家饭店看起来挺不错的,我们就在这儿吃饭吧。

女:这家饭店特别会宰人,一盘炒青菜就要 20 块钱,我们还是别在这儿吃了。

问:这家饭店的饭菜怎么样?

答案是 A。

比喻型惯用语
Figurative Phrases

这类惯用语中都有一个比喻词，像“钉子”“夜车”。惯用语的意思跟每个字的意思有一定的联系，但需要发挥想像力来理解、记忆。比如“碰钉子”比喻遭到拒绝或受到斥责，事情行不通；“开夜车”比喻夜间工作或学习。这种类型的惯用语的字面意义和比喻意义的差距正是造成考生丢分的陷阱。

例 1:

男：刚才我去和客户谈生意了。

女：不用说，看你的表情，就知道碰钉子了。

问：女说话人是什么意思？

A. 知道男的和客户谈钉子的买卖

B. 知道男的去买钉子了

C. 知道男的遇到麻烦了

D. 知道男的会钉钉子

答案是 C。“碰钉子”的意思是“遭到拒绝；或受到斥责；事情行不通”。

例 2:

女：老师留的作业你做完了吗？

男：还没有，看来今天晚上又要开夜车了！

问：男说话人是什么意思？

A. 作业太多了，晚上开车到学校去做

B. 晚上要开车，不能做作业了

C. 作业太多了，要做到很晚

D. 作业太难了，根本不会做

答案是 C。“开夜车”的意思是“夜间工作或学习”。

【半瓶醋】

bàn píng cù

比喻对某种知识或技能只知道一点儿。

have little knowledge of a subject or a skill

㊞ 半瓶子醋 bàn píngzi cù

例

A:你的英语水平很好吧?

Nǐ de yīngyǔ shuǐpíng hěn hǎo ba?

B:我现在的英语水平只能说是半瓶醋,所以还要继续努力。

Wǒ xiànzài de yīngyǔ shuǐpíng zhǐnéng shuō shì **bàn píng cù**, suǒyǐ hái yào jìxù nǔlì.

【笔杆子】

bǐgǎnzi

很善于写文章的人或知识分子。

a skillful writer

例

A:这篇报告很重要,该让谁来写呢?

Zhè piān bàogào hěn zhòngyào, gāi ràng shéi lái xiě ne?

B:让孙老师写吧,他是中文系有名的笔杆子。

Ràng Sūn lǎoshī xiě ba, tā shì Zhōngwén xì yǒumíng de **bǐgǎnzi**.

【补补课】

bǔbu kè

1. 补学或补教所缺的功课。

make up a missed lesson

例 你的成绩这么差,我必须给你补补课了。
Nǐ de chéngjì zhème chà, wǒ bìxū gěi nǐ **bǔbu kè** le.

2. 比喻某种工作做得不完善,要重做。

redo a piece of unfinished work

例 这几件工作你都完成得不好，看来你晚上得补补课了。
Zhè jǐ jiàn gōngzuò nǐ dōu wánchéng de bù hǎo, kàn lái nǐ wǎnshang děi **bǔbu kè** le.

【炒鱿鱼】

chǎo yóuyú

解雇;开除。

dismiss; fire

例

A：你听说了吗，昨天周桐被老板炒鱿鱼了。
Nǐ tīngshuō le ma, zuótiān Zhōu Tóng bèi lǎobǎn **chǎo yóuyú** le.

B：周桐总是那么不负责，老板早该炒他了。
Zhōu Tóng zǒng shì nàme bú fùzé, lǎobǎn zǎo gāi chǎo tā le.

【出气筒】

chū qì tǒng

比喻无故受气的人。

a person act as an outlet for someone's ill-temper; scapegoat

例

A：小龙去哪儿啦，今天我非教训教训他不可。
Xiǎo Lóng qù nǎr la, jīntiān wǒ fēi jiàoxùnjiàoxùn tā bù kě.

B：你呀，自己工作不顺利，也不能拿孩子当出气筒啊。
Nǐ ya, zìjǐ gōngzuò bú shùnlì, yě bù néng ná háizi dāng **chū qì tǒng** a.

【吹牛】

chuī niú

说大话。

boast; brag; proud words

例 A:李明说他以前参加过国家篮球队。

Lǐng Míng shuō tā yǐqián cānjiā guo guójiā lánqiú duì .

B:这个人特别爱吹牛,你别信他的话。

Zhè ge rén tèbié ài **chuī niú**, nǐ bié xìn tā de huà.

【倒胃口】

dǎo wèikou

比喻对某事厌烦,失去兴趣。

have no interest in somebody or something; get tired of somebody or something

例 A:这本书你看完了吧,感觉怎么样?

Zhè běn shū nǐ kàn wán le ba, gǎnjué zěnmeyàng?

B:这本书写得真让人倒胃口。

Zhè běn shū xiě de zhēn ràng rén **dǎo wèikou.**

【旱鸭子】

hàn yāzi

不会游泳的人。

a person who cannot swim

例 A：张文，今天天气太热了，咱们去游泳吧。
Zhāng Wén, jīntiān tiānqì tài rè le, zánmen qù yóuyǒng ba.
B：不行，我是个旱鸭子，不会游泳。
Bù xíng, wǒ shì ge **hàn yāzi**, bú huì yóuyǒng.

【接风】

jiē fēng

宴请远来的亲友。

give a dinner for a visitor from afar

例 A：我们决定今天在王府饭店给你接风。
Wǒmen juédìng jīntiān zài Wángfǔ fàndiàn gěi nǐ **jiē fēng**.
B：咱们几个老同学聚聚就行了，不要花那么多钱。
Zánme jǐ ge lǎo tóngxué jùju jiù xíng le, bú yào huā nàme duō qián.

【开夜车】

kāi yèchē

夜间工作或学习。

work late into the night; burn the midnight oil

例 A:今天晚上别开夜车了,早点儿休息吧。
Jīntiān wǎnshang bié **kāi yèchē** le, zǎo diǎnr xiūxi ba.
B:事儿太多,做不完呀!
Shìr tài duō, zuò bu wán ya!

【露一手】

lòu yi shǒu

(在某方面或者某件事上)显示本领。

make an exhibition of one's abilities or skills; show off

例 A:你弹钢琴弹得那么好,给我们露一手吧。
Nǐ tán gāngqín tán de nàme hǎo, gěi wǒmen **lòu yi shǒu** ba.
B:好久没弹了,你们就凑合着听吧。
Hǎo jiǔ méi tán le, nǐmen jiù còuhe zhe tīng ba.

【毛毛雨】

máomao yǔ

很少。

drizzle; a little; a few

例 A：你可真有钱，吃一顿饭就花两千块钱。
Nǐ kě zhēn yǒu qián, chī yí dùn fàn jiù huā liǎngqiān kuài qián.
B：两千块钱对于我来说只是毛毛雨。
Liǎngqiān kuài qián duìyú wǒ láishuō zhǐshì **máomao yǔ**.

【拿手】

náshǒu

擅长做某事。

adept; expert; good at

例 A：我给你做了几个拿手菜，来，尝尝吧。
Wǒ gěi nǐ zuò le jǐ gè **náshǒu** cài, lái, cháng chang ba.
B：味道好极了。
Wèidao hǎo jí le.

【牛脾气】

niú píqi

像牛一样的脾气。形容脾气不好，倔强。

stubbornness; pigheadedness

例 A:别罗嗦了,我的事儿不用你费心。
Bié luōsuo le, wǒ de shìr bú yòng nǐ fèixīn.
B:你真是个牛脾气,别人说什么你都不听。
Nǐ zhēn shì ge **niú píqi**, biérén shuō shénme nǐ dōu bù tīng.

【碰钉子】

bèng dīngzi

遭到拒绝;或受到斥责;事情行不通。

meet with rejection, rebuff, or rebuke; a "no-go" situation

例 A:我想跟赵经理说说,请一个月的假。
Wǒ xiǎng gēn Zhào jīnglǐ shuōshuo, qǐng yí ge yuè de jià.
B:你要是现在跟赵经理谈这事儿,肯定得碰钉子!
Nǐ yàoshi xiànzài gēn Zhào jīnglǐ tán zhè shìr, kěndìng děi **pèng dīngzi**!

【铁饭碗】

tiě fànwǎn

比较稳定的职业。

iron rice bow; a secure job

例 A：刘厂长，你们厂今年的效益怎么样？
Liú chǎngzhǎng, nǐmen chǎng jīnnián de xiàoyì zěnmeyàng?
B：别提了，国有企业的铁饭碗不打破，效益就不可能好。
Bié tí le, guóyǒu qǐyè de **tiě fànwǎn** bù dǎ pò, xiàoyì jiù bù kěnéng hǎo.

【头疼】

tóu téng

头痛，比喻感到难以对付，发愁，或讨厌。

headache; used to describe something hard to deal with

例 A：你最近看起来精神不太好，怎么了？
Nǐ zuìjìn kàn qǐlai jīngshén bú tài hǎo, zěnme le?
B：唉，我的儿子总是不好好儿学习，真让我头疼。
Ài, wǒ de érzi zǒngshì bù hǎohāor xuéxí, zhēn ràng wǒ **tóu téng**.

【透个风】

tòu ge fēng

走漏消息；泄露秘密。

divulge a secret; leak

例 A：这次考试难不难？你给我**透个风**吧。
Zhè cì kǎoshì nán bu nán? Nǐ gěi wǒ **tòu ge fēng** ba.
B：考试难不难我不能告诉你，但是只要你努力学习，就会取得好成绩。
Kǎoshì nán bu nán wǒ bù néng gàosù nǐ, dànshì zhǐyào nǐ nǔlì xuéxí, jiù huì qǔdé hǎo chéngjì.

【下海】

xià hǎi

经商；做买卖。

go into business; start a business

例 (1)为了多赚点儿钱，我辞去工作**下海**了。
Wèile duō zhuàn diǎnr qián, wǒ cí qù gōngzuò **xià hǎi** le.
(2)80年代初，**下海**经商的人很多。
Bāshí niándài chū, **xià hǎi** jīng shāng de rén hěn duō.

模拟训练 Drills

第一部分

1. A. 他给小刘补习功课
   B. 小刘应该再回学校上课
   C. 小刘应该重做自己的工作
   D. 小刘身体不好,应该补充营养

2. A. 说话人对孩子很严厉
   B. 说话人感到很发愁
   C. 说话人的头很疼
   D. 孩子的头很疼

3. A. 全厂人都知道他有半瓶醋
   B. 全厂人不知道他有半瓶醋
   C. 全厂人都知道他的技术水平不太好
   D. 全厂人都知道他是领导

4. A. 约对方出去散步
   B. 告诉对方一会儿要刮风
   C. 让对方泄露点消息
   D. 让对方做出决定

第二部分

5. A. 小李有笔,你可以去借
   B. 小李有笔,他可以写
   C. 小李会武术
   D. 小李很会写文章

6. A. 女的失业了
   B. 男的没上班
   C. 女的会做饭
   D. 老板会做炒鱿鱼这道菜

7. A. 她游泳的姿势像鸭子
   B. 她不会游泳
   C. 她不喜欢游泳
   D. 她很擅长游泳

8. A. 中午的风很大
   B. 中午去火车站接女的
   C. 中午去机场接女的
   D. 中午宴请女的

9. A. 作业太多了,晚上开车到学校去做
   B. 晚上要开车,不能做作业了
   C. 作业太多了,要做到很晚
   D. 作业太难了,根本不会做

10. A. 不会做鱼香肉丝
    B. 鱼香肉丝她做得非常好
    C. 用手做鱼香肉丝
    D. 鱼香肉丝最好吃了

11. A. 知道男的和客户谈钉子的买卖
    B. 知道男的去钉钉子了
    C. 知道男的遇到麻烦了
    D. 知道男的会钉钉子

12. A. 教师
    B. 渔民
    C. 职员
    D. 商人

答案与文本
Answers & Tapescripts

第一部分

1. 小刘,你工作态度这么不认真,这些零件都不合格。看来你今天得补补课了。
   问:这句话是什么意思?
   答案是C。

2. 这孩子一点儿不知道学习,整天不是看电视就是打游戏,真让我头疼!
   问:从上面的话中我们知道什么?
   答案是B。

3. 他这人技术不怎么样,还老想指挥人。全厂人谁不知道他是个"半瓶醋"呀!
   问:这句话是什么意思?
   答案是C。

4. 今天会上都做什么决定了,能不能给我透个风!
   问:这句话是什么意思?
   答案是C。

第二部分

5. 男:这份报告很重要,不知道该找谁来写?

女:就找小李吧,他可是单位里的笔杆子。

问:女说话人是什么意思?

答案是 D。

6. 男:你怎么今天没上班?

女:快别提了,昨天刚被老板炒了鱿鱼。

问:从以上对话中我们可以知道什么?

答案是 A。

7. 男:今天太热了,走,咱们去游泳吧!

女:你们去吧,我是个旱鸭子。

问:女说话人是什么意思?

答案是 B。

8. 女:我是早晨 8 点一刻的飞机,明天中午以前就能到北京了。

男:好,我准备给你接风。

问:男说话人是什么意思?

答案是 D。

9. 女:老师留的作业你做完了吗?

男:还没有,看来今天晚上又要开夜车了。

问:男说话人是什么意思?

答案是 C。

10. 男:你会做鱼香肉丝吗?

女:当然会,那是我最拿手的。

问:女说话人是什么意思?
答案是 B。

11. 男:刚才我去和客户谈生意了。
女:不用说,看你的表情,就知道碰钉子了。
问:女说话人是什么意思?
答案是 C。

12. 女:听说你不教书了,下海了?
男:是啊,已经三年了。
问:男的现在可能是做什么职业的?
答案是 D。

成语和俗语
Idioms & Colloquialisms

成语和俗语本来是不属于惯用语之列的，但是，它们在听力理解中也经常出现，只是为数不多，因此本书将它们作为第四类。理解这类惯用语，也需要发挥想像力，比如“丢三落四”形容做事不细心，一会儿丢了这个，一会儿丢了那个；“刀子嘴，豆腐心”比喻说话厉害，但心肠软。

例1：

别看他人不大，办起事来却有条有理。

问：这句话的意思是：

A. 他太小了，不会办事

B. 他很小，但很会办事

C. 他不小了，但不会办事

D. 他不小了，会办事了

答案是B。“有条有理”形容做事情非常有条理。

例2：

女：你妈又在那儿叨唠了！

男：咳，你还不知道她——刀子嘴，豆腐心。

问：男说话人的妈妈是一个怎么样的人？

A. 卖豆腐的女人

B. 很厉害的女人

C. 嘴上很厉害，心肠很软的人

D. 嘴上很软，心肠很硬的人

答案是C。“刀子嘴，豆腐心”形容人说话厉害，不让人，但心肠软。

成语

Idioms

【爱不释手】

àibú－shìshǒu

非常喜欢，舍不得放手。

to be so delighted with something that one cannot bear to put it down

例

A：你喜欢那本《上下五千年》吗？

Nǐ xǐhuan nà běn《shàngxià wǔqiān nián》ma?

B：那本书我一看就爱不释手。

Nà běn shū wǒ yí kàn jiù **àibú－shìshǒu**.

【百里挑一】

bǎilǐ－tiāoyī

一百个中间选一个，形容极为出色或少见。

a top-notch (cream) of the crop; one in a million; unique

例

(1)他真是一位百里挑一的好人。

Tā zhēn shì yí wèi **bǎilǐ-tiāoyī** de hǎo rén.

(2)张老三的闺女长得真俊,是个百里挑一的美人。

Zhāng Lǎosān de guīnǚ zhǎng de zhēn jùn, shì gè **bǎilǐ-tiāoyī** de měi rén.

【半斤八两】

bànjīn-bāliǎng

比喻彼此一样,不相上下。

six of one, half a dozen of the other

㊂ 半斤对八两 bànjīn duì bāliǎng

例

A:小刘,你看我们俩的汉字谁写得更好?

Xiǎo Liú, nǐ kàn wǒmen liǎ de Hànzì shéi xiě de gèng hǎo?

B:你们俩是半斤八两,都差不多,就别争了。

Nǐmen liǎ shì **bànjīn-bāliǎng**, dōu chà bu duō, jiù bié zhēng le.

【初来乍到】

chūlái-zhàdào

刚刚来到；第一次来到。

newly arrived; new (to a job or place)

例

A：我初来乍到，以后还请您多帮忙。

Wǒ **chūlái－zhàdào**, yǐhòu hái qǐng nín duō bāngmáng.

B：你有什么困难，随时来找我好了。

Nǐ yǒu shénme kùnnan, suíshí lái zhǎo wǒ hǎo le.

【道听途说】

dàotīng－túshuō

路上听来的消息。指没有根据的传闻。

hearsay; what is spoken and heard in the street; gossip

例

A：听说小李要跟他爱人离婚了。

Tīngshuō Xiǎo Lǐ yào gēn tā àiren líhūn le.

B：别瞎说，道听途说的消息不可靠。

Bié xiāshuō, **dàotīng－túshuō** de xiāoxi bù kěkào.

【丢三落四】

diūsān－làsì

形容做事不细心，一会儿丢了这个，一会儿丢了那个。

be always forgetting things; be careless and sloppy

例

A：哎呀，我把借书证忘在宿舍里了。

Ài ya, wǒ bǎ jièshūzhèng wàng zài sùshè li le.

B：你呀，做事马马虎虎，丢三落四的。

Nǐ ya, zuò shì mǎmǎ-hūhū, **diūsān-làsì** de.

【东跑西颠】

dōngpǎo-xīdiān

形容到处奔走。

rush about busily; run here and there

例

A：我真羡慕你们做生意的，赚钱多又不累。

Wǒ zhēn xiànmù nǐmen zuò shēngyi de, zhuàn qián duō yòu bú lèi.

B：其实做生意也很辛苦，天天东跑西颠的。

Qíshí zuò shēngyì yě hěn xīnkǔ, tiāntiān **dōngpǎo-xīdiān** de.

【高抬贵手】

gāotái-guìshǒu

用于恳求别人原谅或援助。

be generous; not be too hard on me

例 A:你怎么能违反交通规则,随便停车呢?
Nǐ zěnme néng wéifǎn jiāotōng guīzé, suíbiàn tíng chē ne?
B:这次是我错了,请您高抬贵手吧。
Zhè cì shì wǒ cuò le, qǐng nín **gāotái - guìshǒu** ba.

【供不应求】

gōngbù - yìngqiú

需要的太多,供应不足。

supply falls short of demand; demand exceeds supply

例 A:这个月我们厂的销售情况怎么样?
Zhè ge yuè wǒmen chǎng de xiāoshòu qíngkuàng zěnmeyàng?
B:我们厂新推出的产品供不应求,非常畅销。
Wǒmen chǎng xīn tuīchū de chǎnpǐn **gōngbù - yìngqiú**, fēicháng chàngxiāo.

【好心好意】

hǎoxīn - hǎoyì

本意良好但结果并不受欢迎。

have one's heart right; with good intentions

例

(1)我好心好意帮你，你却不高兴。

Wǒ **hǎoxīn－hǎoyì** bāng nǐ, nǐ què bù gāoxìng.

(2)妈妈好心好意给你留的饭，你怎么不吃呀？

Māma **hǎoxīn－hǎoyì** gěi nǐ liú de fàn, nǐ zěnme bù chī ya?

【津津有味】

jīnjīn－yǒuwèi

很有趣味。

heartily; with keen interest (pleasure)

例

(1)这部电视剧很有意思，大家看得津津有味的。

Zhè bù diànshìjù hěn yǒu yìsi, dàjiā **kànde jīnjīn－yǒuwèi** de.

(2)别人都走了，只有他们俩还津津有味地说着知心话。

Biérén dōu zǒu le, zhǐyǒu tāmen liǎ hái **jīnjīn－yǒuwèi** de shuō zhe zhīxīn huà.

【名列前茅】

mínglìè－qiánmáo

比喻评比、考试等名次排列在前几名。

come out top; be ahead of all others; be among the best of the candidates

例 A:我儿子这个学期学习怎么样?

Wǒ érzi zhè ge xuéqī xuéxí zěnmeyàng?

B:特别用功,这次考试在班里名列前茅。

Tèbié yònggōng, zhè cì kǎoshì zài bānlǐ **míngliè-qiánmáo**.

【莫名其妙】

mòmíng-qímiào

形容事情稀奇古怪,难以理解。

be unable to make head or tail of something

例 A:张师傅好像又有点儿不高兴了。

Zhāng shīfu hǎoxiàng yòu yǒu diǎnr bù gāoxìng le.

B:他这人莫名其妙的,让我搞不懂。

Tā zhè rén **mòmíng-qímiào** de, ràng wǒ gǎo bu dǒng.

【千头万绪】

qiāntóu-wànxù

形容事情很乱很复杂,头绪多。

thousands of strands and loose ends; a multitude of things; a thousand and one things to attend to

例

A:你整天忙什么呢?

Nǐ zhěngtiān máng shénme ne?

B:各种事儿千头万绪,真不知道该从哪儿开始做起。

Gè zhǒng shìr **qiāntóu－wànxù**, zhēn bù zhīdao gāi cóng nǎr kāishǐ zuò qǐ.

【手舞足蹈】

shǒuwǔ－zúdǎo

形容非常高兴。

dance for joy

例

A:听说老张的儿子考上大学了。

Tīngshuō Lǎo Zhāng de érzi kǎo shang dàxué le.

B:是啊。听到这个好消息,老张高兴得手舞足蹈的。

Shì a. Tīng dào zhè ge xiāoxi, Lǎo Zhāng gāoxìng de **shǒuwǔ－zúdǎo** de.

【数一数二】

shǔyī－shǔèr

第一或者第二,表示在某方面非常突出。

count as one of the best

例 A:陆华的学习成绩怎么样?
Lù Huá de xuéxí chéngjì zěnmeyàng?
B:他在班里的学习成绩可是数一数二的。
Tā zài bānli de xuéxí chéngjì kě shì **shǔyi－shǔèr** de.

【说三道四】

shuōsān－dàosì

说别人闲话。

make irresponsible remarks; make carding comments

例 A:你生什么气呀,有话好好儿说嘛!
Nǐ shēng shénme qì ya, yǒu huà hǎohāor shuō ma!
B:我希望你以后有什么话最好当面说,别在背后说三道四。
Wǒ xīwàng nǐ yǐhòu yǒu shénme huà zuìhǎo dāng miàn shuō, bié zài bèihòu **shuōsān－dàosì**.

【所作所为】

suǒzuò－suǒwéi

所做的事情。

what one acts and does

例

(1)你的**所作所为**我全知道。

Nǐ de **suǒzuò – suǒwéi** wǒ quán zhīdao.

(2)吴利的**所作所为**真不像话。

Wú Lì de **suǒzuò – suǒwéi** zhēn bú xiàng huà

【脚踏实地】

jiǎotà – shídì

形容做事踏实认真,一点也不浮躁。

steady and sure; without ostentation

例

A:老刘这个人怎么样?

Lǎo Liú zhè ge rén zěnmeyàng?

B:他做事一贯**脚踏实地**,非常认真。

Tā zuò shì yíguàn **jiǎotà – shídì**, fēicháng rènzhēn.

【讨价还价】

tǎojià – huánjià

买卖双方反复商讨争论价钱。也比喻某人接受工作承担任务时讲条件。

bargain; haggle

例

A:你明天有时间吗?陪我上街买点儿东西吧。

Nǐ míngtiān yǒu shíjiān ma? Péi wǒ shàngjiē mǎi diǎnr dōngxi ba.

B:买东西应该让小王跟你一起去,他很会讨价还价。

Mǎi dōngxi yīnggāi ràng Xiǎo Wáng gēn nǐ yìqǐ qù, tā hěn huì **tǎojià－huánjià**.

【袖手旁观】

xiùshǒu－pángguān

形容置身事外,不加过问参与。

look on with folded arms; stand by

例

A:刚才能抓到那个小偷,多亏了你帮忙。

Gāngcái néng zhuā dào nà ge xiǎo tōu, duōkuī le nǐ bāngmáng.

B:没什么。看到这样的事,谁都不会袖手旁观的。

Méi shénme. Kàn dào zhèyàng de shì, shéi dōu bú huì **xiùshǒu－pángguān** de.

【一步一个脚印】

yí bù yí ge jiǎoyìn

指做事踏实、认真。

every step leaves its print; work steadily and make solid progress; step by step

例 做什么事情都要一步一个脚印，踏踏实实的。
Zuò shénme shìqing dōu yào **yí bù yí ge jiǎoyìn**, tātā – shíshi de.

【一见如故】

yíjiàn – rúgù

一见面就像老朋友一样，形容两人性情投合。
feel like old friends at the first meeting; become intimate at the first meeting

例 A：你以前一定认识张静吧？
Nǐ yǐqián yídìng rènshi Zhāng Jìng ba?
B：我和张静以前没见过面，这次真有一见如故的感觉。
Wǒ hé Zhāng Jìng yǐqián méi jiànguo miàn, zhè cì zhēn yǒu **yíjiàn – rúgù** de gǎnjué.

【一模一样】

yìmú – yíyàng

完全一样。
exactly alike; like two peas in a pod

例 (1) 这两件衣服看起来一模一样，但是价钱差多了。

Zhè liǎng jiàn yīfu kàn qǐlai **yìmú－yíyàng**, dànshì jiàqián chà duō le.

(2) 她们姐妹俩长得一模一样，让人都分不出来哪个是姐姐，哪个是妹妹。

Tāmen jiěmèi liǎ zhǎng de **yìmú－yíyàng**, ràng rén dōu fēn bu chūlái nǎ ge shì jiějie, nǎ ge shì mèimei.

【易如反掌】

yìrú－fǎnzhǎng

像翻一下手掌那样容易，比喻事情极容易做。

as easy as pie; no sweat; very easy

例 A：这次比赛，你有信心打败对手吗？

Zhè cì bǐsài, nǐ yǒu xìnxīn dǎ bài duìshǒu ma?

B：打败他，对我来说简直是易如反掌。

Dǎ bài tā, duì wǒ lái shuō jiǎnzhí shì **yìrú－fǎnzhǎng**.

【有条有理】

yǒutiáo－yǒulǐ

非常有条理。

systematically; in perfect order; tidy and orderly

例

(1) 他这人做什么事情都是有条有理的。

Tā zhè rén zuò shénme shìqing dōushì **yǒutiáo－yǒu lǐ** de.

(2) 这孩子虽然才 11 岁，但是办起事来却有条有理。

Zhè háizi suīrán cái shíyī suì, dànshì bàn qǐ shì lái què **yǒutiáo－yǒulǐ**.

【自不量力】

zìbú－liànglì

对自己的能力估计过高。

overestimate one's strength or oneself; not know one's own limitations; overly optimistic about oneself

例

A：我想报考北京大学。

Wǒ xiǎng bàokǎo Běijīng Dàxué.

B：你别自不量力了。

Nǐ bié **zìbú－liànglì** le.

俗语
Colloquialisms

【搬起石头砸自己的脚】

bān qǐ shítou zá zìjǐ de jiǎo

本想害人,结果害了自己。

plan to do something harmful to hurt somebody else, but finally it backfires(on you)

例

A:我刚才随手把香蕉皮扔到地上,没想到自己踩上了,摔了一跤。

Wǒ gāngcái suíshǒu bǎ xiāngjiāo pí rēng dào dì shang, méi xiǎng dào zìjǐ cǎi shang le, shuāi le yì jiāo.

B:你这不是**搬起石头砸自己的脚**吗?

Nǐ zhè bú shì **bān qǐ shítou zá zìjǐ de jiǎo** ma?

【比上不足,比下有余】

bǐ shàng bù zú, bǐ xià yǒu yú

比喻处于中等水平。多用于表示自己对生活享受方面已基本满足。

not the best, not the worst; in the middle; used to show that one is satisfied with his situation or what he has had

例

A:你汉语水平在班里怎么样?

Nǐ hànyǔ shuǐpíng zài bānli zěnmeyàng?

B:比上不足,比下有余,只能算是中等。

Bǐ shàng bù zú, bǐ xià yǒu yú, zhǐnéng suàn shì zhōng děng.

【不怕一万,就怕万一】

bú pà yí wàn,jiù pà wàn yī

一万:一万次,指经常发生。万一:一万次中的一次,指意外变化。这句话的意思是"要防止发生意外情况"。

just in case; if by any chance

例

A:李师傅,这辆汽车没问题,可以开走了。

Lǐ shīfu, zhè liàng qìchē méi wèntí, kěyǐ kāi zǒu le.

B:你还是再仔细检查一遍吧,不怕一万就怕万一。

Nǐ háishì zài zǐxì jiǎnchá yí biàn ba, **bú pà yí wàn,jiù pà wàn yī.**

【刀子嘴,豆腐心】

dāozi zuǐ, dòufu xīn

形容人说话厉害，不让人，但心肠软。

This phrase shows that a person's words are sharp like a knife, but his heart is as soft as doufu; although a person speaks severe and strong words, he has a kind and soft heart.

例

A：小徐真厉害，刚才把我狠狠地教训了一顿。

Xiǎo Xú zhēn lìhai, gāngcái bǎ wǒ hěnhěn de jiàoshùn le yí dùn.

B：你别介意，她这个人是**刀子嘴，豆腐心**。

Nǐ bié jièyì, tā zhè ge rén shì **dāozi zuǐ dòufu xīn**.

【胳膊肘往外拐】

gēbozhǒu wǎng wài guǎi

做事不偏向自己人而偏向外人。

not to be partial to the people on one's own side, but to the opponents instead

例

A：我跟你是好朋友，你不帮我，却帮他，真是**胳膊肘往外拐**。

Wǒ gēn nǐ shì hǎo péngyou, nǐ bù bāng wǒ, què bāng tā, zhēn shì **gēbo zhǒu wǎng wài guǎi**.

B：别生气了，我只是按规定办事。

Bié shēngqì le, wǒ zhǐshì àn guīdìng bànshì.

【公说公有理，婆说婆有理】

gōng shuō gōng yǒu lǐ, pó shuō pó yǒu lǐ

公：公公，丈夫的父亲；婆：婆婆，丈夫的母亲。意思是公公说自己正确，婆婆也说自己正确。比喻每个人都说自己正确。

Each says he is right.

例

A：他们俩吵架，究竟怪谁？

Tāmen liǎ chǎojià, jiūjìng guài shéi?

B：他们**公说公有理，婆说婆有理**，我都被弄糊涂了。

Tāmen **gōng shuō gōng yǒu lǐ, pó shuō pó yǒu lǐ**, wǒ dōu bèi nòng hútu le.

【好汉不提当年勇】

hǎohàn bù tí dāngnián yǒng

好汉：有本领的人；提：谈论；当年：过去某一时间。意思是一个有本领的人不说自己过去怎样勇敢，而应该看现在。

Heroes don't mention the past feats.

例

A：我年轻的时候，身体特别棒，天天用冷水洗澡。

Wǒ niánqīng de shíhou, shēntǐ tèbié bàng, tiāntiān yòng lěng shuǐ xǐzǎo.

B：好汉不提当年勇，你就别老说你以前的那些事了。

Hǎohàn bù tí dāngnián yǒng, nǐ jiù bié lǎo shuō nǐ yǐqián de nà xiē shì le.

【姜还是老的辣】

jiāng háishì lǎo de là

比喻老年人有经验，不好对付。

Old ginger is hotter than new; old hand is better than greenhorns.

例

A：这么难的问题，李师傅一下儿就解决了。

Zhème nán de wèntí, Lǐ shīfu yí xiàzi jiù jiějué le.

B：姜还是老的辣嘛。

Jiāng háishì lǎo de là ma.

【来得早不如来得巧】

lái de zǎo bùrú lái de qiǎo

正好。

just in time

例 A：你回来得正好，我刚刚做好饭。
Nǐ huílai de zhènghǎo, wǒ gānggāng zuò hǎo fàn.
B：这就叫"来得早不如来得巧"。
Zhè jiù jiào"**lái de zǎo bùrú lái de qiǎo**".

【萝卜青菜，各有所爱】

luóbo qīng cài, gè yǒu suǒ ài

每个人的爱好不一样。

Every one has his/her own taste; there's no accounting for tastes.

例 A：你说，张洁怎么会喜欢他呢？
Nǐ shuō, Zhāng Jié zěnme huì xǐhuan tā ne?
B：萝卜青菜，各有所爱呗。
Luóbo qīng cài, gè yǒu suǒ ài bei.

【拿得起，放得下】

ná de qǐ, fàng de xià

1. 劝说别人不要太在意。
   be able to advance or retreat; flexible; adaptable

例 A:怎么办呀？我这次考试不及格。
Zěnmebàn ya? Wǒ zhè cì kǎoshì bù jígé.
B:男子汉应该**拿得起，放得下**，下次努力就行了。
Nánzǐhàn yīnggāi **ná de qǐ, fàng de xià**, xià cì nǔlì jiù xíng le.

2. 很有能力。
used to describe someone who is very capable

例 工厂里的活儿，他样样**拿得起，放得下**。
Gōngchǎng li de huór, tā yàngyàng **ná de qǐ, fàng de xià**.

【桥归桥，路归路】

qiáo guī qiáo, lù guī lù

比喻不同的事物不能混在一起。
Different situations need to be dealt with differently.

例 A:小王是你的老同学，这次你会不会偏向他啊？
Xiǎo Wáng shì nǐ de lǎo tóngxué, zhè cì nǐ huì bu huì piānxiàng tā a?
B:**桥归桥，路归路**，公事和私事我会分清楚的。
Qiáo guī qiáo, lù guī lù, gōng shì hé sī shì wǒ huì fēn qīngchu de.

【失败是成功之母】

shībài shì chénggōng zhī mǔ

失败是获得成功的基础。

Failure is the mother of success.

例 **失败是成功之母**，你不要失去信心。

Shībài shì chénggōng zhī mǔ, nǐ bú yào shīqù xìnxīn.

【太阳从西边出来了】

tàiyáng cóng xībian chūlai le

表示不可能发生或不正常，也指难得或罕见的事情。

something impossible; something that is not usual; a very rare situation

例 A：早上好！

Zǎoshang hǎo!

B：今天你怎么起得这么早，是不是**太阳从西边出来**了？

Jīntiān nǐ zěnme qǐ de zhème zǎo, shì bu shì **tàiyáng cóng xībian chūlai** le?

【心有余而力不足】

xīn yǒu yú ér lì bù zú

心里愿意做，但是没有能力做。

the spirit is willing, but the flesh is weak; unable to do what one wants very much to do

例

A：我妈妈病了，需要一大笔钱做手术，你能借给我一万块钱吗？

Wǒ māma bìng le, xūyào yí dà bǐ qián zuò shǒushù, nǐ néng jiè gěi wǒ yíwàn kuài qián ma?

B：我是很想帮你的，但是心有余而力不足啊。

Wǒ shì hěn xiǎng bāng nǐ de, dànshì **xīn yǒu yú ér lì bù zú** a.

【一是一，二是二】

yī shì yī, èr shì èr

比喻某人做事认真，有原则。

do things by the rules

例

A：你跟老万以前是同事，你觉得他怎么样？

Nǐ gēn Lǎo Wàn yǐqián shì tóngshì, nǐ juéde tā zěnmeyàng?

B：他这个人做什么事情都非常认真，从来都是"一是一，二是二"。

Tā zhè ge rén zuò shénme shìqing dōu fēicháng rènzhēn, cónglái dōu shì"**yī shì yī, èr shì èr**".

【有钱难买老来瘦】

yǒu qián nán mǎi lǎo lái shòu

对老年人来说瘦比胖好。

Being slim is a treasure for the old.

例

A:“有钱难买老来瘦”,您还是少吃一点儿,多锻炼锻炼身体。

“Yǒu qián nán mǎi lǎo lái shòu”, nín háishì shǎo chī yì diǎnr, duō duànliàn duànliàn shēntǐ.

B:你说得对,我应该注意自己的身体。

Nǐ shuō de duì, wǒ yīnggāi zhùyì zìjǐ de shēntǐ.

模拟训练 Drills

第一部分

1. A. 他家里生活一般
   B. 他家里生活很好
   C. 他家里生活很差
   D. 他家里生活比以前好

2. A. 请求对方饶恕
   B. 请对方让路
   C. 提醒对方注意
   D. 不让对方干涉

3. A. 很突出
   B. 比较好
   C. 还可以
   D. 不太好

4. A. 赵刚根本不是大学生
   B. 赵刚为能考上大学而努力
   C. 赵刚和一般的大学生不一样
   D. 赵刚的行为和他大学生的身份不相符

5. A. 责备
   B. 遗憾

C. 悲伤
D. 骄傲

6. A. 擅长计算
B. 爱偷懒
C. 很聪明
D. 很认真

7. A. 她很会写各种文章
B. 她不会写文章
C. 她很会写遗传学方面的文章
D. 她不是很会写遗传学方面的文章

第二部分

8. A. 女的和小丽一共吃了半斤饭
B. 女的和小丽一共吃了八两饭
C. 女的和小丽一样懒
D. 女的比小丽还懒

9. A. 卖豆腐的人
B. 很厉害的人
C. 嘴上很厉害,心肠很软的人
D. 嘴上很软,心肠很硬的人

10. A. 你的胳膊受伤了
B. 你走路喜欢拐弯

C. 你做事不公平
D. 你做事偏向外人

11. A. 姜要买老一点儿的好
B. 姜老了才辣
C. 老李爱吃姜
D. 老李很有经验

12. A. 照顾自己人是应该的
B. 我一定公平对待
C. 我不管你的事
D. 咱们之间没有关系

13. A. 男的正在跳舞
B. 男的正在踢足球
C. 男的非常高兴
D. 男的非常生气

14. A. 不想帮女的
B. 想帮女的
C. 想帮但是没能力帮
D. 想帮并能帮上忙

15. A. 只要一边走一边学习,就一定会学好的
B. 只要一边跑步一边学习,就一定会学好的
C. 只要看着别人的脚印学习,就一定会学好的
D. 只要踏实地学习,就一定会学好的

答案与文本
Answers & Tapescripts

第一部分

1. 现在我家的生活水平是比上不足，比下有余。
问：说话人是什么意思？
答案是 A。

2. 我光顾说话了，没有看见红绿灯，您就高抬贵手一次吧。
问：说话人是什么意思？
答案是 A。

3. 林娜的外语成绩一直在班里名列前茅。
问：林娜的外语成绩怎么样？
答案是 A。

4. 赵刚的所作所为真不像个大学生！
问：这句话是什么意思？
答案是 D。

5. 你是她哥哥，出了这种事，你怎么能袖手旁观呢？
问：说话人的口气怎么样？
答案是 A。

6. 让老刘做这件事你就放心吧，他对待工作“一是一，二是二”。

问:老刘这个人怎么样?

答案是 D。

7. 写一篇遗传学方面的文章对于她来说真是易如反掌。

问:说话人是什么意思?

答案是 C。

第二部分

8. 女:小丽真懒,现在还没起床呢!

男:你别说小丽了,你跟小丽是半斤对八两!

问:男说话人是什么意思?

答案是 C。

9. 女:你妈又在那儿发脾气了!

男:咳,你还不知道她——刀子嘴,豆腐心。

问:男说话人的妈妈是一个怎样的人?

答案是 C。

10. 男:我觉得这事儿是您的不对。

女:白养你这么大,你怎么胳膊肘往外拐啊!

问:女说话人是什么意思?

答案是 D。

11. 女:我说得没错儿吧,姜还是老的辣。

男:是呀,老李一来,什么问题都解决了。
问:从上面的对话我们可以知道什么?
答案是 D。

12. 女:你现在是局长了,可别只顾自己人呀。
男:咱们桥归桥,路归路,我不会做这样的事的。
问:男说话人是什么意思?
答案是 B。

13. 男:太棒了! 又踢进一球。
女:看把你乐的,手舞足蹈什么呀。
问:从上面的对话中我们可以知道什么?
答案是 C。

14. 女:我马上就要毕业了,你能帮我找个工作吗?
男:我不是不想帮你,而是心有余而力不足。
问:男说话人是什么意思?
答案是 C。

15. 女:怎么才能提高汉语水平呀!
男:只要你一步一个脚印的,一定会学好的。
问:男说话人是什么意思?
答案是 D。

惯用语索引(按音序)

Index

A

B

C

D

F

G

H

J

K

L

M

N

P

Q

R

S

T

W

X

Y

Z